Hildegard und Siegfried Schumacher

Andy, Chef der Familie

Hildegard und
Siegfried Schumacher

Andy, Chef der Familie

Illustrationen
Gisela Neumann

Der Kinderbuchverlag Berlin

ISBN 3-358-00826-6

Andy, sagte ich mir, irgendwas geht los, und zwar bald! Ich brauchte nur meine Eltern anzusehen. Vati hat ein lustiges Gesicht. Er lacht gern. Doch nun fehlten die zwei feinen Falten, mit denen er aussieht, als ob er heimlich grinst, die Mundwinkel hingen ihm herab wie ein Schnauzbart, der traurig ist, und seine Stirn glich einer Hindernisstrecke.

Muttis Gesicht ist mehr nachdenklich. Mir kam es noch nachdenklicher und länger vor. Und warum schimpfte sie nicht, als ich den Mülleimer in der Küche umstieß? Nein, sie stöhnte nur und fegte wortlos alles auf. Selten gelingt es mir, Mutti zu verflunkern. Aber ich schaffte es zweimal, mit ungeputzten Schuhen zur Schule zu traben. Alarm, sagte ich mir da, Alarm!

Ich sprach mit Anke darüber, als ich sie am Nachmittag von der Kinderkrippe abholte.

Anke ist zwei, knapp acht Jahre jünger als ich, und ich hole sie fast immer ab. Darin bin ich Fachmann. Die Stütze der Familie, wie Vati sagt.

Anke soll ein Nachkömmling sein, so hörte ich es einmal von Mutti. Eher trifft es für sie zu, finde ich, denn Mutti hat Mühe, hinter Anke herzukommen, wenn die etwas auf dem Kieker hat.

Ich hielt Anke fest an der Hand, damit sie mir nicht auskneifen konnte. Viele Autos fahren durch Freibach.

„Anke“, sagte ich, „bei uns zu Hause schiebt sich was zusammen.“

„Dadadada“, sagte Anke.

„Hm“, machte ich. „Du hast es also auch bemerkt.“

„Dada“, sagte sie.

„Bist ein kluges Kind.“

„Papa“, sagte Anke.

„Wieso Papa?“ fragte ich. „Kann genausogut mit Mutti zusammenhängen. Abwarten, Anke.“

„Dada.“

Wir waren uns einig, und ich versprach ihr, weiter ein offenes Auge zu haben.

Als wir zu Hause anlangten, stand Vatis Trabi schon auf dem Hof, es war erst vier durch, und das kommt nicht öfter vor als Bananen im Konsum.

Vati arbeitet wie Mutti in Falkenwalde, unserer Kreisstadt. Sie liegt genau fünf Kilometer von Freibach entfernt. Vati ist der Chef aller Schulen. Kreisschulrat nennt er sich. Sonst kommt er später nach Hause, weil er auf vielen Sitzungen herumsitzen muß. Unsere Mutti fährt dann mit dem Bus, oder sie stoppt ein Auto. Für dreiunddreißig sieht sie noch sehr hübsch aus. Sie braucht nie lange zu warten.

Mutti gibt Russisch und Deutsch an der erweiterten Oberschule in Falkenwalde. Meist hat man es schwer, wenn die Eltern Lehrer sind. Oje, oje, rutscht mal eine Drei unter die Zensuren, gleich ist Theater da! Ein Glück, daß Vati und Mutti nicht so verrückt denken. Ihnen ist ein richtiger Junge lieber als ein Musterkind. Aber das glauben die meisten Lehrer von einem Schulratvater nicht, und das ist mein Unglück. Ich brauch nur einmal schief dazusitzen oder die Backen aufzublasen, schon spricht es sich herum. „Andy, nimm dich zusammen", sagt Vati dann. Dabei zucken die Falten um seinen Mund, als müßte er lachen. Wirklich, Vati ist ein menschlicher Vater.

An diesem Nachmittag saßen Mutti und Vati im Wohnzimmer am Tisch. Kein Heft, kein Buch, keine Akte. Sie saßen nur da und guckten sich an, es war ganz still, und ich las es ihnen vom Gesicht ab, daß sie ratlos waren.

„A-a!" sagte Anke.

Diese zwei Buchstaben sind für uns ein Signal. Wir sind

sehr stolz, daß Anke sauber ist. Darum stürzte ich gleich los und holte den Topf einfach ins Wohnzimmer. Wie oft sieht man seine Eltern schon ratlos?

Mutti protestierte nicht. Ohne ein Wort befreite sie Anke von überflüssigem Anziehzeug.

Als habe dieser Zwischenfall Vati die Sprache wiedergegeben, sagte er nun: „Andy, nimm Platz!“ Er zeigte auf unsern ledernen Ohrensessel, den er sonst dem Besuch anbietet. Ich lehnte mich zurück und legte die Arme auf die Seitenstützen. Schade, daß meine Füße noch nicht bis zur Erde reichen, wenn ich so breit in diesem Sessel sitze.

Familienberatung. Ich sollte helfen, weil Vati und Mutti nicht weiterwußten. Anke spielte in der Ecke. Sie ist nicht stimmberechtigt.

„Also ...“, begann Vati und verstummte.

Das wurde ein schwerer Fall. Ich runzelte meine Stirn genau wie er. Es denkt sich besser.

„Also“, fing er noch einmal an, „das ist ...“

„Ja“, sagte Mutti, „so ist das, weißt du.“

Wer soll daraus schlau werden? Ich sagte: „Ihr schleicht wie Mertens Katze um den heißen Brei.“

„Dauernd redet ihr mir dazwischen!“ schimpfte Vati. „Nun laßt mich doch! Das ist nicht einfach!“ Er schlug auf die Tischplatte. So aufgeregt kannte ich ihn nicht. „Also Mutti kann nach Moskau ... Studieren ... Russisch. Sie braucht es für den Unterricht.“

„Sechs Monate“, sagte Mutti. „Ich möchte ja, aber ...“

„Ein ziemlich langer Schulweg", stellte ich fest.

Da setzte sich Mutti ganz aufrecht hin. „Nein! Nein, ich mach das nicht!"

„Was!" rief ich. „Das machst du nicht?"

Mich haute es glatt um. Sechs Monate Moskau! Jeden Tag Soljanka essen, über den Roten Platz spazieren, den Genossen Lenin besuchen, Metro fahren. Tag für Tag! Und Moskauer Eis soll einsame Klasse sein! „Unserm Vati", sagte ich, „dem bringst du eine Flasche echten Wodka mit."

„Ich kann euch nicht mit allem allein lassen."

„Anke kann ich auch auf den Topf setzen", sagte ich, „genau wie du."

„Dada", brabbelte Anke in ihrer Ecke.

Mein Angebot veranlaßte Vati, Mutti für Moskau zu agitieren.

„Siehst du, Andy ist ein vernünftiger Junge. Wir schaffen die Arbeit schon."

„Klar", sagte ich, „die schaffen wir, Vati. Bloß du darfst dich nicht vorm Abtrocknen drücken, wie es deine Mode ist."

„Ach!" sagte er mit großer Handbewegung. „Wir organisieren uns alles hin."

„Topp, Mutti, du fährst!"

Und damit war es beschlossene Sache.

Wenn ich jetzt sage, Vati holte den Trabi aus der Garage und kutschierte mit der gesamten Familie zum

Schönefelder Flughafen, dann ist das schnell geschehen. Schneller, als es geschah. Die paar Tage, die Mutti bis zu ihrer Abreise freihatte, vergingen zwar ritsch, ratsch, doch mußten tausend Sachen erledigt werden.

Mutti trabte einkaufen, füllte Kühlschrank und Speisekammer wie für eine Hungersnot, sie wusch, bügelte, nähte und stellte die Wohnung auf den Kopf. Staubsauger, Eimer, Schrubber wurden mir in die Hand gedrückt. Mir war, als wollte Mutti mich zum Raumpfleger qualifizieren.

Dazu die Hinweise und Anordnungen, die ich sauber numeriert in ein Heft schreiben mußte. Vati hatte es gut. Er kam spät nach Hause, ich aber früher als sonst, denn Fräulein Baumann, unsere Klassenlehrerin, war krank, und es fielen eine Menge Stunden aus. In der Schule kann man abschalten, wenn es einem nicht gefällt. Mutti hielt mich die ganze Zeit in Galopp.

„Andy", sagte sie, „vergiß nicht, daß sonnabends die Treppe gewischt werden muß."

Ich notierte es unter Nummer achtundneunzig.

„Und erinnere Vati daran, daß er vor dem Schlafengehen das Wohnzimmer lüftet."

„Dann schlaf ich schon", sagte ich.

„Du schreibst ihm einen Zettel. Den legst du als Gedächtnisstütze auf den Tisch."

Unpraktisch, die dauernde Kritzelei! Ein Pappschild wollte ich machen und beim Gute-Nacht-Sagen an die Tür hängen, und ich hielt auch dies in meinem Heft fest.

Während ich mir den Bleistift hinters Ohr klemmte, legte Mutti plötzlich ihren Wäschestapel statt in den Schrank wieder auf den Tisch zurück und setzte sich. „Wie wird das mit euch nur werden? Übermorgen bin ich fort, und dann ...“

„Mach dir keine Sorgen“, sagte ich schnell, denn mir wurde selbst ganz komisch eng im Hals, als ich sie so sitzen sah. „Wir halten uns genau an das Heft.“

Mutti lächelte, aber es sah nicht froh aus. „Ach, was ist das schon?“

„Sehr viel“, sagte ich. „Sollst mal sehen, es klappt alles. Kannst mir ruhig noch mehr diktieren.“

Da nahm sie meine Hand. „Gut, mein Junge, ich verlaß mich auf dich, und nun schreib auf, daß ihr immer sofort auf jeden Brief antwortet. Das ist wichtiger als alles Saubermachen.“

Natürlich war es das allerwichtigste. Ich schrieb es deshalb besonders groß in das Heft.

Am Morgen von Muttis Reisetag war ich bei einhundertzweiundvierzig angekommen, und die letzten Hinweise notierte ich auf dem Flughafen. Hätte die Maschine nur eine einzige Minute Verspätung gehabt, wäre Mutti sicher noch Nummer einhundertfünfzig eingefallen.

Dauernd hatte sie Vati gesagt: „Wenn du etwas nicht weißt, frag Andy, der hat es aufgeschrieben.“ Als sie bereits durch die Sperre gegangen war, rief sie es ihm wieder zu, und das waren ihre letzten Worte. Dann winkte sie nur noch, wir winkten zurück, und Anke schrie: „Mamamamamam!" Mutti zog ihr Taschentuch hervor, der Strom der Reisenden schob sie in eine Tür, ich sah nichts mehr als fremde Gesichter.

Vati legte mir die Hand auf die Schulter und sagte: „Nun müssen wir uns allein durchschlagen, mein Sohn."

„Da steht alles drin", sagte ich und klopfte gegen meine Brusttasche, in der das Heft steckte. Ich hielt mich dicht an Vatis Seite. Weder das Heft noch ich durften verlorengehen. Es wäre ein Riesenunglück für den Rest unserer Familie.

Draußen suchten wir uns eine Stelle, von der wir die großen silberblinkenden Maschinen gut sehen konnten. Anke ritt auf Vatis Schultern. Endlich entdeckten wir Mutti, die mitten in einer Menschenmenge zu ihrem Flugzeug ging. Wir schrien wie die Wilden. Mutti sah sich sofort um, drängelte sich aus der Reihe und winkte.

In ihrem langen Mantel wirkte sie viel größer, als sie ist. Überhaupt fand ich sie mächtig schick in all dem neuen Zeug. Dafür hatte Vati gesorgt. Unsere Berliner Großmutter meinte, es müßte einen Haufen Geld gekostet haben. Keine Ahnung hat sie, Vati bezahlt mit Scheck. Gegen Muttis Studierreise war Großmutter auch. „So weit weg und so lange", hatte sie gesagt. „Wenn das man gut geht!"

„Hoffentlich lassen sie unsere Mutti wieder her", sagte ich.

„Wieso?" fragte Vati.

„Na, so schön wie sie aussieht?"

Vatis Stirn faltete sich. Um ihn zu trösten, sagte ich schnell: „Aber sie hat ja uns."

Und wie Mutti uns hatte! Noch oben auf der Treppe zur TU winkte sie, als müßte ihr der Arm abfliegen. Gleich würde sie den Reisedrops bekommen. Ganz für umsonst, und beim Landen wieder. Ich hatte schon mal einen gekostet. Der schmeckt vielleicht! So nach Luft und Zitronen- und Apfelsinenbäumen weit weg.

Die Turbinen dröhnten. Die TU begann zu rollen. Immer schneller. Sie erhob sich. Ein Silberpfeil flog davon. Und obwohl er fortflog, war es mir, als bohrte sich dieser blitzende Pfeil in meine Augen.

Vati räusperte sich. Er sagte: „Na, Andy, mein Junge?"

„Ich habe Mutti winken sehen. Am Fenster."

„Ja, ja", sagte er, „mir war es auch so."

Anke ritt noch immer auf seinen Schultern. Sie brabbelte vor sich hin: „Mamam, Mamam. Weg."

„Sie kommt wieder", sagte Vati.

„Bald", sagte ich.

Es war ja nur ein halbes Jahr, sechs Monate. Sechs Monate? Plötzlich fand ich, daß sich das nach einer schrecklich langen Zeit anhörte. Viele, viele Tage waren es!

Trotz der anderen Maschinen und der eiligen Menschen erschien mir der Startplatz leer. Alle flogen nur ab. Niemand kam an. Und wir standen und guckten. So, als ob gleich etwas geschehen müßte. Vielleicht kehrte

Muttis TU um. Vielleicht hatte sie dem Piloten zugerufen: „Zurück! Ich muß nach Hause! Ich kann nicht ..."

Aber nein, die vielen Vorräte, all die Konserven und Weckgläser, das Heft in meiner Tasche. Was Mutti anfing, das führte sie auch durch, und nicht jeder durfte in Moskau studieren. Mit dem Heft hatte Mutti mich zum Chef der Familie ernannt. „Vati", sagte ich, „wir müssen los. Anke soll pünktlich ins Bett." Und ich klopfte auf meine Brusttasche.

Die Luft begann zu dröhnen. Ein riesiger Silbervogel rollte auf das Flughafengebäude zu. „Fieger!" jubelte Anke.

Es kommen auch Maschinen an.

Fremde Leute stiegen aus. Sechs Monate sind eine Ewigkeit. Ich drehte mich um und ging zum Auto.

Ich zog um. Mutti hatte den Vorschlag gemacht, ich sollte in ihrem Bett schlafen, damit mein Zimmer länger staubfrei bliebe. Einsparung. Ich wäre an diesem ersten Abend ohne Mutti auch nicht gern allein gewesen.

Anke hatte sich bloßgestrampelt. Ich deckte sie zu, und dabei fiel mir mein Hinweisheft ein. Richtig, unter Nummer siebenunddreißig stand: Anke muß um neun noch einmal auf den Topf gesetzt werden.

Es klappte hervorragend, obwohl sie die Augen nicht aufmachte und fast umgekippt wäre, aber sie stimmte kein Nachtgebrüll an. Kaum hatte ich sie ins Bett gelegt, steckte sie den Daumen in den Mund. Mutti will das nicht. Doch Mutti war nicht da. Ich ließ Anke wenigstens den Daumen.

Vati saß an seinem Schreibtisch im Wohnzimmer. Ich hängte das Pappschild mit dem Lüftungshinweis an die Tür. Die Farbe war noch feucht. „Du brauchst dich nicht mehr um Anke zu kümmern", sagte ich, „ist alles erledigt."

„Danke", sagte Vati.

„Mußt nur nachher gucken, ob sie auch zugedeckt ist."

„Mach ich", sagte er.

„Und bleib nicht mehr so lange auf!"

Abends ist er schlecht von seinem Aktenkram wegzukriegen. Ich sollte ihn an sein Bett erinnern, aber Mutti wollte nicht, daß ich es ins Heft schrieb.

Tief kuschelte ich mich in die Kissen. Ich war müde und hellwach zugleich. Sonst mußte ich um acht verschwunden sein. Der Wecker zeigte auf Viertel zehn. Wir hatten alles geschafft. Sogar den Abwasch. Vati wollte ihn stehenlassen. Ich war dagegen. Mutti wäscht jeden Abend ab, und ich wollte gar nicht erst einreißen lassen, daß Vati sich drückt.

Zuerst stritten wir uns, wer abwäscht und wer abtrocknet. Vati schlug vor, darum zu knobeln. Ich sagte jedoch: „Du trocknest ab und stellst weg. Du bist größer. Ich reich nicht überall heran." Das hat ihn überzeugt. Natürlich mußte ich ihm sagen, wo verschiedene Sachen hingehören. Wenn er sich weiter Mühe gibt, werden wir unsern

Haushalt schon schaukeln. Mutti freut sich, wenn wir ihr schreiben können: Alles klar!

Ob sie schon schlief? Wenn nicht, dann dachte Mutti an uns. Sie war so weit weg. Über zweitausend Kilometer. Bis zur Schule hatte ich es einen Kilometer. Eintausendmal müßte ich hin- und zurückgehen. Wie viele Stunden brauchte man da wohl bis Moskau?

Ich ging aus Freibach hinaus ... Die Straße nach Falkenwalde ... Ich ging und ging ... Die Füße wurden mir mit jedem Schritt schwerer ... Der Wald war dunkel und dicht ... Aber ich ging ...

Es klingelte. Immer wieder klingelte es. Der Wecker war das nicht. Da funkte es: das Telefon! Ich sprang aus dem Bett, wetzte hin und sagte: „Schürmann."

„Andy?"

„Ja, ich", sagte ich.

„Ist dein Vati da?"

Das klang nach Onkel Martin, Vatis erstem Stellvertreter. „Muß mal nachsehen", sagte ich und sauste ins Schlafzimmer zurück. Anke stand in ihrem Gitterbett. „Adi!" begrüßte sie mich. „Adi!" Bevor ich hallo! oder irgend etwas Gutes zu ihr sagen konnte, rief sie: „A-a!" Ich versorgte meine Schwester. Das ging vor. Und wenn das Haus abbrannte, es ging vor!

Vati schlief noch. Ganz tief schlief er. Rein zufällig fiel mein Blick auf den Wecker. Zehn vor acht. Verschlafen! Am ersten Tag! Ich raste ans Telefon und sagte: „Vati

kommt etwas später. Er mußte erst zu unserer Schule."
Ich legte auf. So, das hatte ich hingekriegt.

Nun aber los!

„Vati, wach auf!" Ich stürzte an sein Bett und rüttelte ihn munter. „Aufstehen! Gleich acht!"

Wie vom wilden Wolf gebissen, federte er hoch. „Verdammt!" schrie er und hielt schon die Hose in der Hand. „Ich muß sofort weg!"

„Papa! Papa!" krähte Anke auf ihrem Topf.

„Ja, ja, mein Kind“, quetschte Vati heraus, spurtete ins Bad und hätte uns fast umgerannt.

Ich hinterher. „Vati“, sagte ich, „sofort ist zu schnell. Wir haben Familie.“

Einen Augenblick stand er starr und guckte mich an, als hätte er mich noch nie gesehen. Dann sagte er: „Hast recht, Andy, aber beeilen müssen wir uns trotzdem.“

Leider waren wir von Mutti nicht auf diesen Sonderfall trainiert worden. Wollte ich Brot schneiden, hatte Vati denselben Gedanken. Als wir zugleich nach dem Kessel für das Kaffeewasser griffen, übernahm Vati das Kommando. „Kümmere dich um Anke, ich mach das Frühstück.“

Nie war mir aufgefallen, was für widerspenstige Zehen Anke hat. Ich merkte es erst, als ich ihr die Strumpfhose anzog. Ruhig bleiben, ganz ruhig! „Anke“, redete ich ihr gut zu, „sei lieb und mach die Zehen krumm. Warum, das verstehst du noch nicht. Sonst würde ich es dir erklären.“

Die Morgenwäsche war nicht mehr als ein Seiflappenschwenken, und dann schlangen wir das Frühstück hinunter. „Das fängt gut an“, brummte Vati.

Ich erzählte ihm, wie ich ihn bei Onkel Martin entschuldigt hatte. Es beruhigte ihn nicht. Er stopfte uns in den Trabi, gab Anke eilig wie ein Postpaket in der Krippe ab und fuhr mich zur Schule. Ich dachte, er würde den von mir angekündigten Besuch wahr machen, doch er fragte nur: „Soll ich dich in die Klasse bringen?“

Ich sah es ihm an, daß er lieber darauf verzichten

würde. Klar, ein Schulrat, der verschlafen hat, liefert seinen Sohn ab, das war, als ob er Fräulein Baumann erlaubte, auch den Wecker zu überhören. „Laß man", sagte ich, „das schaff ich allein." Und ich stiefelte los.

„Andy, hast du den Wohnungsschlüssel?"

Mann, den hatte ich liegenlassen! „Nein!" schrie ich und rannte zurück. Er gab mir seinen. Ein Glück, daß ihm das eingefallen war, sonst hätte ich nachmittags mit Anke nicht nur mutterlos, sondern auch heimatlos dagestanden.

Vor unserer Klasse horchte ich. Es war so still, als ob niemand darin säße. Ich klopfte behutsam. Fräulein Baumann öffnete, und ich sagte leise zu ihr: „Es läuft bei uns noch nicht. Startschwierigkeiten." Sie verstand mich und nickte nur.

Kaum hatte ich mich hingesetzt, flüsterte Fredi hinter mir: „Kommst du jetzt jeden Morgen zu spät?"

„Quatsch!" flüsterte ich zurück, doch ich wußte, ich mußte etwas unternehmen.

Am Nachmittag versammelte ich unsere drei Weckeruhren um mich. Ich stellte fest, daß sie sich in der Lautstärke unterschieden. Bisher war es unwichtig, denn Mutti hat einen leichten Schlaf.

Unsern braunen Wecker stellte ich zum Vorwecken. Wenn wir weiterschliefen, war es nicht so schlimm.

Der blaue klingelt mit stärkerer Stimme. Ich verstärkte sie, indem ich ihn auf einen umgedrehten Teller setzte. Er sollte uns fünf Minuten vor sechs munter machen.

Der blanke Wecker aber ist der größte und stabilste, und der schreit am lautesten. Auf eine geräumige Glasschüssel legte ich einen Teller, und darauf kam der blanke mit der großen Glocke. Hei, wie der radaute! Ich stieg auf den Boden und vernahm ihn auch dort. Wer den nicht hörte, der war entweder taub oder tot. Er sollte uns Punkt sechs aus den Betten schmettern. Der schaffte uns bestimmt!

Als ich nach dem dritten Probelauf von meinem Wecksystem völlig überzeugt war, klingelte es an der Wohnungstür Sturm. Es war Tante Felchow, die unter uns wohnt. „Was ist los bei euch? Ist was passiert?"

Ich klärte sie auf und erbot mich, ihr mein System noch einmal vorzuführen. „Nein, danke!" rief sie und hob sofort die Hände an die Ohren. „Es funktioniert so vorzüglich, daß ich unsern Wecker verkaufen kann."

„Ich könnte für euch Verstärker anbauen", schlug ich vor. „Morgens ist man immer im besten Schlaf."

Aber sie meinte, daß es schon so reiche.

Meine Weckanlage war nicht nur für uns gut, sondern auch eine Klasse Nachbarschaftshilfe. Ich nahm mir vor, Mutti davon zu schreiben.

Eine Woche später war mir klar, daß wir noch immer an Startschwierigkeiten litten. Nein, nicht das Wecken war es. Das lief wie ein gut geölter Motor. Sogar Tante und Onkel Felchow gingen eine Viertelstunde früher aus dem Haus. Sie meinten, es täte ihnen sehr gut, den langen

Schreibtischtag mit einem gemütlicheren Morgenspaziergang als sonst zu beginnen.

Unsere Schwierigkeit war das Einkaufen. Genau wie am ersten Morgen, als wir uns vor Eile dauernd in die Quere kamen, dachten Vati und ich zu oft an das gleiche.

Unter Nummer vier in meinem Hinweisheft stand: gemeinsame Haushaltskasse. Die hatte Mutti uns extra an einem Abend erklärt. „Hört her", hatte sie gesagt. Damit wir richtig hinhörten, nahm sie Vati die Fußballwoche aus der Hand, und mir knipste sie den Fernsehen aus. So erreichte sie in kürzester Zeit, daß wir hinhörten und sie anguckten wie hypnotisierte Kaninchen, denn wir wußten aus Erfahrung, so geht es am schnellsten.

Sie hatte Vati bei der gemeinsamen Haushaltskasse

zugedacht, daß er sie wöchentlich auf eine bestimmte Summe auffüllen und die Ausgaben kontrollieren sollte. Aber ich, ich konnte das Geld ausgeben! Ich bin in unserm Konsum sowieso besser bekannt als Vati.

Mutti behauptet, ich hätte Schlag bei den Verkäuferinnen. Kann ich vielleicht dafür, daß mich immer das Fräulein Bärbel, so eine Schlanke, Schwarzhaarige, ganz schönes und glänzendes Haar hat sie, herannimmt? Sie findet, daß ich ein besonders netter Junge sei. Ich finde sie auch besonders nett. Aber es genügt, wenn sie von den Männern aus unserer Familie nur mich mag. Ich glaube nämlich, Vati hat noch mehr Schlag bei Frauen als ich, wenn er sich auch, genau wie ich, nichts daraus macht.

Die Kasse hatte Vati pünktlich eingerichtet. Er mischte sich jedoch zu sehr ins Ausgeben ein, und daher kamen unsere Schwierigkeiten. Am Dienstag kaufte ich sechs Flaschen Pils, die Brauerei hatte gerade geliefert. Dabei schmeckt mir Pils gar nicht. Aus reiner Liebe hatte ich nur an Vati gedacht und nicht an eine Brause für mich.

Als Vati nach Hause kam, öffnete er stolz seine Aktentasche. „Zum Abendbrot", sagte er, packte auch sechs Pils aus und nahm sich aus der Haushaltskasse blanke fünf Mark.

„Wird das nicht zuviel?" fragte ich.

Vati besah sich die zwölf Flaschen, krauste die Stirn, als gälte es, ein schwerwiegendes Problem zu lösen. „Hm", sagte er dann, „du könntest vielleicht eine mittrinken?"

Ich musterte ihn stumm. Bier trinken hatte er mir

noch nie erlaubt. Er kennt meinen Geschmack. Wenn er wenigstens die Hälfte in Brause mitgebracht hätte!

„Tja“, und er zuckte mit den Schultern, „ehe es schlecht wird ... Da muß ich mich eben opfern.“

Mutti ist der Meinung, daß Vati, obwohl er Fußball spielt, einen Bierbauch bekommt. Überhaupt ist er ein langsamer Halblinker geworden, und der Freibacher Traktor steht in der Tabelle leider nicht mehr auf dem ersten Platz. Aus diesen Gründen machte ich Vati einen völlig vernünftigen Vorschlag: „Ich trage meine sechs Flaschen wieder in den Konsum zurück.“

„Laß nur“, sagte er, „leer sind sie leichter.“

Das war der erste Reinfall mit den gleichen Gedanken,

der nächste folgte sogleich. Am Mittwoch brachte jeder zwei Flaschen Milch mit. Am Donnerstag war nicht eine vorhanden, und wir mußten Anke auf den nächsten Tag vertrösten.

Einmal hatten wir zehn Paar Wiener zum Abendbrot, so daß ich bis an mein Lebensende genug davon habe, ein andermal war kein Zipfel Wurst zu finden. Wir mußten unsern eisernen Vorrat angreifen. Vati machte eine Büchse auf. Ganz verbiestert guckte er. Wieder hatte er Wiener erwischt. Ich stöhnte und öffnete ein großes Glas Pfirsiche. Die rutschten bei Anke und mir ohne Brot. Vati schüttelte den Kopf, murmelte etwas von falscher Ernährung, und wir sollten uns keine Krankheit an den Hals hängen. Aber es ging gut.

Als nächstes lief es mit der Abwaschordnung schief. Ich dachte nicht an Muttis Hinweisheft. Vati vergaß es auch. Wir ließen das Geschirr stehen. Er stellte welches hinzu – ich stellte welches hinzu. Jeder hoffte und wartete auf den anderen. Am Wochenende stand das Abwaschbecken dick voll Tassen und Teller und Töpfe. Vati besah sich den Berg und sagte: „Wenn wir so weiterwirtschaften ..."

„... müssen wir neues Geschirr kaufen", sagte ich, „oder abwaschen."

„Ja", sagte er und seufzte, „das kann man natürlich auch machen."

Wir krempelten uns die Ärmel auf. Wer schon mal Geschirr mit angetrockneten Essenresten abgewaschen

hat, der weiß, daß das eine langwierige und anstrengende Sache ist. Vati brauchte nur abzutrocknen. Die ganze Mühe blieb an mir hängen, weil ich mich von Anfang an nach dem nassen Teil der Arbeit gedrängelt hatte. Ich ärgerte mich, und der Ärger brachte mich zu einem Entschluß. „Vati“, sagte ich, „wir machen uns einen Haushaltsplan.“

Vati sagte nichts. Er guckte nur, und nicht gerade begeistert. Das enttäuschte mich, denn er ist sehr für Pläne. Als ich einmal mit meinen Hausaufgaben in Druck war, hatte er sofort den guten Rat zur Hand: Du mußt deine Arbeit besser planen! Und nun? Glauben die Großen etwa selbst nicht alles, was sie sagen?

Als wir später mit Anke im Wohnzimmer spielten, stutzte Vati plötzlich, ging auf die Anbauwand los und fuhr mit dem Zeigefinger über ein Bücherbrett. Die Folgen waren deutlich zu sehen. „Was ist das?“ fragte er.

„Staub“, sagte ich.

Er blickte wie einer, der aufwacht, und marschierte ins Bad. Dort öffnete er die Truhe mit der schmutzigen Wäsche. „Sieh mal.“

Ich sah.

„Eine Weile kommen wir zwar noch aus“, sagte er, „denn Mutti hat vorgesorgt und den Bestand vergrößert. Aber wenn es uns mit der Wäsche eines Tages so geht wie mit dem Geschirr?“

„Prost Mahlzeit!“ sagte ich, ergriff nun meinerseits die

Initiative und führte ihn ins Schlafzimmer. Wir legten uns auf den Bauch, um unter die Betten zu sehen. Ich leuchtete noch mit der Taschenlampe. Anke krähte vor Vergnügen. Sie dachte, wir spielten ein neues Spiel. „Staub", sagte Vati, „überall Staub. Du hast leider recht, wir brauchen einen Plan."

Nach dem Abendbrot nahmen wir uns viel Papier und setzten uns nebeneinander an den Schreibtisch. An Schreibtischen sollen die gewichtigsten Pläne entstehen. Wir saßen und dachten nach. Schließlich seufzte Vati noch tiefer als am Nachmittag und sagte: „Andy, dieser Plan ist für mich Neuland."

Neuland ist neues Land, das noch nie einen Pflug gesehen hat. Dort läßt der Mensch eimerweise Schweiß, ehe er ellenlange Mohrrüben und fußballgroße Pufferkartoffeln ernten kann.

Wir schwitzten auch.

Als erstes teilten wir die Wohnung in Reinigungsgebiete auf. Dabei stellte Vati fest, daß wir ein Zimmer zuviel besaßen, obwohl er bisher der Meinung war, daß wir eins zuwenig hätten. Er schlug vor, meins auszuklammern, da ich sowieso nicht darin schliefe. Wir könnten es einfach zuschließen. Ich war dagegen. Sollte ausgerechnet mein Zimmer verschweinigeln?

Gut, aber dann müßte ich schon das Schlafzimmer dazu übernehmen, er behielte sich das Wohnzimmer vor, falls mal jemand zu Besuch käme.

Jeden Tag Betten bauen, oje, oje! Ich erfand den

Neuerervorschlag, daß wir uns mit Wolldecken zudecken könnten. Sie sind ritsch, ratsch zusammengelegt und werden nicht schmutzig, man sieht es jedenfalls nicht. Die Abstimmung fiel eins zu eins aus. Vati sagte: „Bei Stimmengleichheit entscheidet der Vorsitzende.“ Und das war leider er. Ich wollte ihn überzeugen, den Vorsitz wöchentlich zu wechseln. Damit kam ich auch nicht durch. In unserer Mannschaft nennen wir solche Ungerechtigkeit Beschiß.

Zum Glück fiel mir die Haustreppe ein. Der Gerechtigkeit wegen war Vati nun dran. Er stöhnte. Tante Felchow ist eine reinliche Frau mit scharfem Auge. „Ist noch mehr?“ fragte er.

„Das Badezimmer“, sagte ich und meldete mich freiwillig, denn die Küche ist größer.

Pläne fördern Erkenntnisse und Durst zutage. Vati trank das vorletzte Pils und ich eine Brause. Als er die Flasche absetzte, sagte er: „Frauen sind besondere Menschen, mein Sohn, und unsere Mutti überhaupt. Wie die das im Griff hatte, Hut ab!“

„Hut ab“, sagte auch ich.

Vati blickte vor sich hin, als wäre ihm unser Plan völlig aus dem Gedächtnis gefallen. „Da ist das Atomzeitalter angebrochen“, sagte er, „und die Post braucht von Moskau bis Freibach immer noch eine Ewigkeit.“

„Schade“, sagte ich, „daß es noch keine kleinen Reiseraketen gibt, dann wären wir im Handumdrehen bei Mutti.“

„Oder sie bei uns."

„Die Tür geht auf", spann ich weiter, „und Mutti sagt: Die Rakete ist mein Trabi, damit komm ich jetzt jeden Tag nach dem Studieren angesaust. Klasse wäre das!"

„Sonderklasse", sagte Vati. „Und wenn sie bloß so da wäre! Den Haushalt machen wir schon ..."

„... nach Plan. Mutti wird staunen, wie das flutscht", sagte ich, und wir stürzten uns auf das Einkaufsproblem.

Ich sollte in Zukunft der einzige Einkäufer sein. Vati wollte nur vorschlagen, und ich konnte noch ergänzen.

Besonders groß waren die Sachen, die wir gemeinsam erledigen mußten: Anke, das Wäschewaschen und Mittagkochen am Wochenende. Mit Anke war es nicht schwierig. Wir lieben sie beide. Wir waren auch schon eintrainiert. Am Sonnabendnachmittag mußte ich sie übernehmen, da Vati dann meist Fußball spielt. Dafür hat er am Sonntagvormittag Kinderdienst, wenn meine Mannschaft den edlen Rasensport pflegt. Vati wollte an beiden Tagen kochen, ich sollte abwaschen. Wegen der gerechten Verteilung. Er muß spätestens um eins weg, wenn sie auswärts spielen.

Ein Fußballopfer also. „Aber dann müssen wir wenigstens abwechselnd bestimmen dürfen, was es zu essen gibt“, sagte ich. „Kannst du Eierkuchen mit Blaubeeren?“

„Mal probieren“, sagte er, „sonst müssen wir uns Großmutter einladen.“

Das Schlimmste blieb die Wäsche. „Einsparung“, schlug ich vor, „statt ’ner Tischdecke nehmen wir Zeitungen, die bunten Witzseiten vom Eulenspiegel zum Beispiel.“

Vati wollte nicht. Für schwarze Turnhosen war er nach einigem Zögern. Sie waschen sich leichter. Dadurch kamen wir noch auf den Gedanken, für uns Männer dunkle Handtücher zu kaufen.

So klärten wir Punkt für Punkt, auch ganz kleine

unwichtige Dinge wie Teppichklopfen und Schuheputzen. Vati klapperte unsern Plan auf der Schreibmaschine herunter, unterstrich jedesmal rot, wer verantwortlich war, und zum Schluß nagelten wir ihn in der Küche an, damit wir ihn stets vor Augen hatten. Als wir unser Werk so betrachteten, sagte ich: „Jetzt kann uns nichts mehr passieren."

„Wollen es hoffen", sagte Vati. „Pannen gibt es bei Plänen immer."

Wollte er unsere Arbeit schlechtmachen? Oder hatte er wirklich etwas gegen Pläne? „Wieso?" fragte ich.

„Weil wir Menschen sind", sagte er.

Ich überlegte, was das nun wieder bedeuten sollte. „Willst du vielleicht eine Maschine sein, so ein Kompott-Dingsda?"

„Ein Computer", sagte er. „Ganz bestimmt nicht. Guck mal, wenn wir Computer wären, Andy, dann würdest du schon lange im Bett liegen. Falsch! Du hättest kein Bett, du würdest in der Computergarage stehen und ohne Strom sein. Um acht wäre für dich Feierabend. Da gäbe es gar nichts. Weil wir aber Menschen sind, Vater und Sohn, Männer also, hab ich dich nicht ins Bett geschickt. Der Plan mußte gemacht werden, und wir konnten diese Arbeit nur gemeinsam schaffen. Jetzt ist es zehn durch, wir sind hundemüde, trotzdem freuen wir uns. Siehst du, und freuen kann sich ein Computer nicht. Er kann von sich aus nicht mal Fehler machen. Aber der Mensch kommt um Fehler nicht herum. Und das, mein Sohn, macht unser Leben so spannend."

Vati öffnete eine Büchse Apfelsinensaft, goß mir ein Glas voll, tat sich in seins einen Schuß Wodka, und wir stießen beide an: Auf unsern Plan, darauf, daß wir Menschen waren und uns freuen konnten!

Meine Unruhe fing am Montag in der vierten Stunde an. Hunger war es nicht, weder bekamen wir eine Arbeit zurück, noch sollten wir eine schreiben. Es war ein ganz normaler Tag. Normal war auch, daß wir mit dem Klingelzeichen „Wer letzter im Frei ist, der muß" zu spielen begannen. Ich saß gleich neben der Tür, die Unruhe schoß mich als ersten hinaus und die Treppe hinunter. Die anderen wie die Wilde Jagd hinter mir her.

Der starke Bobbi riß mich aus dem Strom. „Renn hier nicht rum!"

Ich konnte bloß „ph!" machen und mir an die Stirn piken. Die aus der Zehnten denken, sie dürfen sich alles erlauben!

„Das laß!" schnauzte Bobbi. „Ich bin Aufsicht!"

Wirklich, seine rote Armbinde war meinem nervösen Auge völlig entgangen. Wie mit eisernen Klammern packte er meinen Oberarm und führte mich auf den Hof. Natürlich kam ich nun als letzter ins Frei und mußte greifen. Das war nicht normal. Fredi machte mir eine lange Nase. Ich stürzte auf ihn los, doch er schlug einen Haken, ich griff ins Leere, knallte gegen einen Bauch, und das war Bobbis.

„Schürmann!" fauchte er und knallte zurück.

Davon tickte die Unruhe in mir noch lauter. Wie tausend Wecker tickte sie. Blindlings raste ich weiter, landete meine Hand jedoch nicht auf Fredis Rücken, sondern auf einem mir vorerst unbekannten. Er gehörte Fräulein Baumann. Sie hielt mich fest und sagte: „Andy, ruhig, ganz ruhig. Die Pause ist zum Erholen da."

Erhole dich mal und sei ruhig bei solch einem Geticke! In der letzten Stunde wäre ich am liebsten aufgesprungen und ans Fenster gerannt. Dabei wußte ich genau, daß dort nichts zu sehen war. Höchstens der Hausmeister oder Herr Schneller, der eine Klasse Dauerlaufrunden drehen ließ, oder auf der anderen Straßenseite das Postamt. Nun war Mutti fast zehn Tage fort und noch immer kein Brief da.

„Andy, lies weiter!"

Ich wußte nicht, wo.

Fräulein Baumann wollte mir eine schlechte Zensur schenken, doch dann versprach sie nur, mich später heranzunehmen. Das tat sie auch. Wieder klappte es nicht.

„Bist du krank, Andy?"

„Ich glaube nicht", sagte ich, denn ich fühlte mich ganz gesund bis auf diese Unruhe, die ich mir nicht erklären konnte und die mich rein kaputt tickte.

Nach dem Klingeln nahm Fräulein Baumann mich zur Seite und fragte, ob ich vielleicht Kummer hätte. Ich fand das wirklich nett von ihr und hätte am liebsten ja gesagt. Aber wenn ich doch keinen Kummer hatte! Sie legte mir den Arm um die Schultern wie Mutti und sagte, wenn ich irgendwie nicht zurechtfände, könnte ich ruhig zu ihr kommen. Ich gab ihr die Hand darauf, und schon katapultierte mich die Unruhe in den Speiseraum.

Es gab Erbsensuppe. Kollektiverbsen esse ich gern. Die macht der Riesenkessel, in dem sie gekocht werden, besonders kräftig. Ich erhielt meinen Teller extra voll. Die Küchenfrauen wissen, wie gern ich diese Suppe esse. Kaum hatte ich jedoch drei Löffel eingefahren, war es mir, als hätte ich drei große Portionen verschluckt, ich bekam einfach nichts mehr hinunter.

Weil ich wegen der Verwandtschaft mit Wiener Würstchen meine Bockwurst nicht angebissen hatte, gelang es mir, Fredi meinen Teller anzudrehen und seinen leeren dafür einzutauschen. Ich war vielleicht froh, denn wir müssen unsern Schlag immer aufessen.

Ich rannte nach Hause. Je näher ich meinem Ziel kam, desto schneller rannte ich. Dabei wartete nichts auf mich als Staubsauger und Einkaufsnetz. Laut Arbeitsplan. Klar, noch ein paar Schulaufgaben – kleine Fische – und die Fernsehkiste. Doch Sport brachten sie heute nicht, und erst sonnabends lief ein Indianerfilm bei Professor Flimmrich. Warum nur rasten meine Beine so mit mir los?

Haustür auf, ran an den Briefkasten, Zeitung, Zeitung, Zeitung. Ich linste durch die Luftlöcher. Briefe! Ein S! Ich raketete nach oben, riß den Briefkastenschlüssel vom Haken. So ein S schrieb nur ...

Zwei Briefe waren es. Zwei mit dem gleichen S! An Walter Schürmann der eine, der andere für Andy Schürmann. Und das war ich, hurra! Ich fetzte den Umschlag auf und las. „Mein lieber Andy!" las ich und stand wie angestemmt. Es gehe ihr gut, schrieb Mutti, und sie mache sich Sorgen um uns. Das brauchte sie wirklich nicht! In einem riesigen Studentenheim wohne sie, auf den Leninbergen, Lomonossow-Universität. Und Moskau sei eine wunderschöne Stadt.

Drei Seiten hatte mir meine liebe Mutti geschrieben! Ich las noch einmal von vorn, ging die Treppe dabei hinauf, setzte mich in den Ohrensessel, las immer wieder. Ich war bei Mutti in Moskau, saß neben ihr auf der Schulbank, wohnte im dreiundzwanzigsten Stockwerk in ihrem Zimmer, sauste mit dem Fahrstuhl hinunter, hinauf, immer an Muttis Seite. Und Anke und Vati waren weit weg.

Halt, Vati!

Er hat es nicht gern, wenn die Familie einfach bei der Volksbildung anruft. Heute war ein Ausnahmetag. „Vati“, rief ich ins Telefon, „unsere Mutti hat geschrieben! Mein lieber Andy, hat sie geschrieben, mir geht es gut, Moskau ist eine wunderbare Stadt, und doch mach ich mir Sorgen um euch.“ Ich erzählte ihm die ganzen drei Seiten, ohne einmal aufs Papier zu sehen.

„Das hat sie alles geschrieben?“

„Ja“, sagte ich, „das alles, und du hast auch einen Brief.“

„Ich seh zu, daß ich hier wegkomme“, sagte er. „Lies bitte noch einmal vor.“

Und ich erzählte wieder Wort für Wort.

Mutti wartete bestimmt auch auf Post von uns. Keine Minute sollte sie länger warten. Ich suchte das beste Papier hervor. Meine liebe Mutti! schrieb ich. Das sah mir zu nackt aus. Ich warf den Bogen weg und schrieb: Meine sehr liebe Mutti! Ich setzte die Feder nicht einmal ab. Von jedem Tag schrieb ich, was wir getan hatten. Ich schrieb von Anke, von Vati und mir, und daß mir heute so unruhig war. Ob sie auch den ganzen Tag so unruhig gewesen sei, bevor sie meinen Brief erhalten hätte, und sie solle es mir bitte mitteilen.

Als Vati kam, war ich unten auf der sechsten Seite. Er las mir seinen Brief vor, danach ich ihm meine sechs Seiten. Er fand sie Klasse und informativ, und das hieß, wie er sagte, ich hatte genau, wahrheitsgemäß und ausführlich berichtet, so daß für ihn kaum etwas übrigblieb.

Trotzdem setzte er sich hin, und er schrieb schnell und klein, so daß ich nur die Überschrift erkennen konnte. Aber die fand ich falsch. Schließlich war unsere Mutti seine Frau und hatte zwei Kinder, und da brauchte er nicht „Mein liebes Mädchen!“ anzufangen! Das war überhaupt nicht informativ. Vielleicht hatte er aus Informationsmangel noch mehr solch unwahres Zeug gepinselt, denn er las mir seinen Brief nicht vor und schrieb für jeden extra einen Briefumschlag.

Die russischen Buchstaben flossen ihm so schwungvoll aus der Feder, als käme die schöne Wassilissa geradewegs aus dem Märchenbuch hervorgetänzelt. Vati ist schon ein Könner. Mutti aber noch mehr, denn sie und nicht er studiert in Moskau. Dabei wäre es umgekehrt für uns als Familie viel einfacher gewesen. Wir hätten unser Leben nicht verändern müssen, keinen Arbeitsplan gebraucht, und mehr Freizeit hätte ich auch gehabt. Allerdings war ich jetzt mit Vati gleichberechtigt. Wir gingen zusammen durch Abwasch und Essenzubereiten. Gerade wollte ich zu ihm sagen: Bist ein prima Freund, da klingelte es.

Wir liefen beide zur Tür. Draußen stand Frau Krüger von der Kinderkrippe mit unserer Anke. „Ich dachte schon, es ist was passiert", sagte sie. Unsere Zeitungen hatte sie mitgebracht und den Schlüssel vom Briefkasten auch.

Mir fiel der Einkaufszettel ein, der unerledigt auf dem Küchentisch lag. Frau Krüger half uns mit Brot aus ihrer Einkaufstasche aus. Sie brachte sogar noch Anke zu Bett, weil die schon in der Krippe gegessen hatte, und deckte uns den Abendbrottisch. Dabei las ich ihr Muttis Brief vor. Zum Schluß schwindelte ich einen Satz dazu. „Grüß Frau Krüger schön von mir, sie ist eine gute Frau." Sie war ganz gerührt, und ich freute mich, daß ich ihr eine Freude bereitet hatte.

„Vati", sagte ich später beim Abwaschen, „wir schreiben Mutti aber nicht, daß wir Anke vergessen hatten."

„Nein", sagte er, „lieber nicht."

Ich rekelte mich aus dem Schlaf. Obwohl ich noch nicht ganz da war, fiel mir auf, daß der Morgen anders anfing als gewöhnlich. Richtig, Anke hopste nicht in ihrem Bett umher, sie krähte auch nicht wie sonst: Adi, Adi! Ich stand auf, um sie auf den Topf zu setzen, ehe ich mich wusch und anzog. „Na, altes Mädchen, dann wollen wir mal!“ Doch sie fühlte sich so warm an. Fast wie ein frisches Brot, das noch nicht lange aus der Backstube heraus ist. Das Gesicht war rot, und die Augen glänzten. Ich ließ Anke liegen und alarmierte Vati, der gerade im Bad sein Gesicht entstoppelte.

Er kam sofort, sah eine Weile auf Anke herunter und sagte: „Hm, mit ihr stimmt was nicht.“ Das hatte ich schon ohne ihn festgestellt. Vati wollte es unbedingt genau wissen und beugte sich über sie. „Was hast du, mein Kind?“

Kleine Kinder haben oft Fieber, aber natürlich können sie darüber keine Auskunft geben. Mir war das klar, und so sagte ich: „Bestimmt Fieber.“

Vati machte sein trauriges Schnauzbartgesicht. Das ist das Zeichen dafür, daß er nicht weiß, was er machen soll.

„Wo ist das Fieberthermometer? Wir müssen messen“, sagte ich.

Ich guckte im Hinweisheft nach und fand es zum Glück unter Nummer vierundsechzig. „In der Hausapotheke.“ Wo sollte es auch anders sein?

Vati nahm es aus der roten Hülle und drehte es nicht sehr entschlossen in der Hand. „Das hätten wir“, sagte er. „Hast du eine Ahnung, wie man bei einem kleinen Kind mißt?“

Ich nickte und sagte: „Hinten."

„Aha", sagte er.

„Zwei Minuten", sagte ich, denn so stand es im Heft.

„Das geht ja", sagte er. Trotzdem drehte er das Thermometer weiter hin und her und beguckte es ziemlich mißtrauisch.

Ich sagte: „Du mußt es ihr da reinstecken."

„Hast du schon mal?"

Ich schüttelte den Kopf.

„Siehst du!" sagte er. Dann legte er das Thermometer auf den Nachttisch und seine Hand auf Ankes Stirn. Anschließend hob er sie hoch und probierte es an der gleichen Stelle mit den Lippen. Dabei blickte er über Anke hinweg auf die Wand. Sein Gesicht sah aus wie das eines Forschers, der vor einer großen Entdeckung steht. „Sie hat Fieber", sagte er endlich.

Das hatte ich schon vorher gewußt. Sogar vorgesagt hatte ich ihm diese Krankheit. Als Arzt war Vati total unbrauchbar. Er legte Anke lang und deckte sie bis an die Ohren zu. Mit einem Schlag begann sie zu brüllen. Wir versuchten sie zu beruhigen. Ohne Erfolg.

„Haben wir keinen Nuckel, Andy? Man muß doch einen Nuckel im Haus haben! Für den Notfall. Nuckel mit Honig, das hilft bestimmt!"

Mutti ist Nuckelgegnerin und hat uns ohne erzogen. Vati hatte jedoch zum zweitenmal an diesem Morgen Glück. Seit dem letzten Fasching besaß ich solch einen Gummilutscher. Ich fand ihn ziemlich schnell in meinem

Kramkasten, spülte ihn ab und steckte ihn in Honig. Das schmeckte nicht schlecht. Ich beeilte mich, ihn neu zu versüßen, und der Nuckel half tatsächlich. „So“, sagte Vati, als wäre damit alles in Ordnung.

„Und nun?“ fragte ich.

„Wir rufen den Arzt an.“

„Dann kommt er und mißt Fieber?“

„Quatsch“, sagte Vati, „er sagt uns, was sie hat. Hoffentlich ist es nichts Schlimmes.“

Das hoffte ich auch, und ich sagte: „Vielleicht sind es nur Windpocken.“

„Nee“, sagte er, „die würde man sehen.“

„Oder Masern.“

Vati schlug die Decke hoch und beguckte Ankes Bauch. Dann schüttelte er den Kopf.

„Soll ich Tante Felchow holen?“ fragte ich.

Vati winkte ab. „Hat noch nichts mit kleinen Kindern zu tun gehabt.“

„Aber Frau Mertens, die hat vier.“ Das älteste Kind ist Gabi und geht in meine Klasse. Sie wohnen im Nebenhaus. Herr Mertens berät Vati, wenn am Trabi etwas zu bauen ist. Frau Mertens konnte bestimmt bei Kinderkrankheiten Rat geben. „Ich hole sie“, schlug ich vor. „Es ist eine hilfsbereite Familie.“

„Weiß ich“, brummte Vati. „Doch die Frau hat genug Arbeit, und ein Arzt weiß mehr.“

Er rief an. Danach fuhr er im Raketentempo in seinen Anzug. Ich sah zur Uhr und bekam einen Schreck. „Du

brauchst dich nicht zu beeilen", sagte Vati. „Du bleibst heute hier."

Was? Ich sollte ... Sonst hatte er sich so mit Schule. Wegen dem Vorbild. Und auf einmal! Nein, ich blieb nicht allein mit Anke. Der Honignuckel half einen Fliegenfleck, wenn es schlimmer wurde. Was dann? Und wer weiß, wann der Arzt kommt. Ich sagte: „Das ist nichts für einen Mann."

„Meine Meinung", sagte Vati.

„Wenn es gefährlich ist, halten immer zwei Wache."

„Andy, der Bezirk kommt heute."

Ha, das Zauberwort kannte ich! Wenn der Bezirk kam, konnte die übrige Welt untergehen. Vati würde es mit seiner Abteilung nicht eher bemerken, bis der Bezirk wieder weggefahren war. Mir war dieser Bezirk egal. Ein Schulrat muß für die Schulen sorgen. Das heißt für die Menschen, die hineingehen. Solch ein Mensch bin ich. Ein Schüler! „Vati“, sagte ich, „und wenn du krank wärst?“

„Bin ich nicht“, sagte er.

„Aber Anke ist krank.“

„Eben.“

„Wenn Anke krank ist, bleibt Mutti auch zu Hause.“

„Bin ich Mutti?“

Ich sagte: „Jetzt schon, glaube ich.“

„Die halten mich für verrückt. Das Kind ist krank, und der Schulrat fehlt!“

„Wenn Heike fehlt, weil ihr kleiner Bruder krank ist und die Eltern arbeiten, sagt Fräulein Baumann, das sei keine Ordnung. Und du schimpfst auch. Oder nicht?“

Vati seufzte, dann sagte er: „Du kannst Rechtsanwalt werden! Geh mal lieber und frage, ob Gabis Mutter kommen kann.“

Rechtsanwalt ist also einer, der immer recht hat. Bloß weil er gut reden kann. Ein praktischer Beruf.

Ich flitzte los, und es dauerte keine fünf Minuten, bis ich mit Frau Mertens zurück war. „Haben Sie schon Fieber gemessen?“ fragte sie sofort.

Vati ist ein ehrlicher Mensch. Er sagte: „Wissen Sie, wir hatten Angst, das Thermometer bricht ab.“

Frau Mertens lachte und legte Anke auf den Bauch. „Dann passen Sie mal gut auf, das lernt sich eins, zwei, drei.“

Wir guckten beide genau zu. Erst befühlte sie Anke. „Fieber wird sie nicht haben", sagte Frau Mertens. Und tatsächlich! Sechsunddreißig neun kann kein Mensch als Fieber bezeichnen. Wir atmeten auf. Vati bestellte den Arzt ab und sauste los, damit er den Bezirk pünktlich empfangen konnte. Ich kam leider nicht pünktlich in die Schule, doch Gabi hatte mich schon bei Fräulein Baumann entschuldigt. So war es nicht weiter schlimm, denn die anderen guckten nur halb wie sonst, wenn sich einer verspätet.

In der Pause fragte Fräulein Baumann, wie es Anke gehe. „Befriedigend", sagte ich, weil „gut" sechsunddreißig sechs ist. Ich erzählte ihr, wie Frau Mertens uns aus der Klemme geholfen hatte und daß sie Anke auch noch angezogen und mir den Rat gegeben habe, sie im Sportwagen zur Krippe zu fahren. Das geht nämlich schneller.

„Sehr praktisch", sagte Fräulein Baumann. „Willst du nicht Frau Mertens eine Freude machen?"

In der Hosentasche zählte ich mein Taschengeld. Zwei Fünfziger und ein paar Zerquetschte. Für einen Asternstrauß reichte es. Frau Mertens ist eine patente Frau. Ich kann sie gut leiden. Gabi eigentlich auch, weil sie aus einer hilfsbereiten Familie stammt.

Unverhoffte Freistunden sind ein Geschenk verhinderter Lehrer. Diesmal war Frau Brömmel vom Schulgarten verhindert. Sie lag mit ihrer Galle im Bett. „Hurra!"

schrien wir und stürmten in den Speiseraum. Wir waren erster, es gab Buletten und Götterspeise, und draußen lachte die Sonne, als hätte der Herbst den Sommer angepumpt.

„Aber heute", sagte Fredi, „heute rollt der Ball! Ich weiß 'nen neuen Trick."

„Woher?" fragte ich.

„Von den Brasilianos abgeguckt. Gestern im Fernseher. Todsicher, sag ich dir!"

Wir rannten nach Hause, um die Mappe in die Ecke zu schmeißen. „Bis gleich!" schrie Fredi und bog bei Bollmeiers ab. Ich raste weiter. Zwei Stunden hatten sie uns geschenkt, Anke brauchte ich erst um vier abzuholen, Zeit für viele todsichere Tricks. Blumen sollte man Frau Brömmel bringen und zu ihrer Galle gratulieren! Blu ...

Ich stoppte. Mann, ich mußte ja noch Blumen gießen, Betten bauen, auskehren! Mein Zimmer sollte ich auch gründlich säubern. Zwei Wochenenden hatte ich es ausgelassen. Konnte ich dafür, daß ich beim Fußballturnier die Ehre unserer Schule verteidigen mußte? Und das allerschlimmste war die Stinkbuxe. Anke hatte es nicht bis zum Topf geschafft.

Bremsklötze saßen mir an den Beinen. Wozu auch rennen? Der schöne Tag war total im Eimer. Fredi hatte es gut. Seine Mutter war Reinigungskraft im VEB Baukunst und trainiert auf Schrubber und Besen. Keinen Handschlag brauchte Fredi zu tun! Der wußte gar nicht, wie gut er es hatte.

Und wenn ich einfach schwänzte? Tag für Tag Bettenbauen ist Blödsinn. Abends werden sie sowieso wieder eingerissen. Wenn Vati wenigstens nicht wühlen würde, daß es morgens aussah, als hätte ein Rudel Wildschweine in seinem Bett geparkt! Ich übte Stilliegen. Mein Laken brauchte ich nur noch einmal wöchentlich glattzuziehen.

Nein, Schwänzen ging nicht! Vati hatte auf den Arbeitsplan getippt. „Jugendfreund, du bummelst! Heute abend mache ich Stubendurchgang." Wenn Vati mich mit Jugendfreund anredet, bin ich fällig. Bei zwei unverhofften Freistunden erst recht. Verdammt, regnen müßte es, tonnenweise!

Tante Felchows Kopftuch leuchtete mir entgegen. Sie schwebte auf der Außenseite des Fensterbretts wie überm Abgrund und wienerte die Scheiben blank. Wenn es um Reinlichkeit geht, scheut sie keine Gefahr. Ihr Eifer verstimmte mich noch mehr, und so sagte ich ziemlich matt: „Tag, Tante Felchow."

„Tag, Andy!" rief sie strahlend. „Ein Wetter ist das! Wie geschaffen zum Hausputz. Diesmal hab ich Glück mit meinem freien Tag!"

Na, da wüßte ich etwas Besseres! In diesem Augenblick lehnte sie sich zurück und hing mit ausgestrecktem Arm am Fensterkreuz, um ihre Arbeit zu begutachten. Ich schloß die Augen. „Fall bloß nicht runter", warnte ich. Weil es nicht krachte, machte ich sie wieder auf und sagte: „Wenn das Holz morsch ist, bist du glatt erledigt."

„Mein Fliegengewicht!" rief sie und lachte.

Immer wenn die Leute so unverschämt schwindeln, bleibt mir die Spucke weg.

„Komm rein", sagte Tante Felchow, „ich hab Kuchen für dich."

Süßes eß ich gern. Ich ließ Tante Felchow bei ihrer Fliegengewichtseinbildung und nahm einen Teller mit Apfeltorte in Empfang.

„Kannst ihn mit raufnehmen, Andy. Und bitte, kipp nicht mehr die Müllschippe aus dem Fenster, wie es deine Mode ist. Meine sind geputzt. Euren würde es auch guttun."

Weil ich die Treppe schon halb hoch war, mochte ich den Kuchen nicht wieder hinunterbringen. Der Appetit darauf war mir völlig vergangen. Meine Neuerermethode mit dem Müll hatte mit Mode nicht im geringsten zu tun! Das war Arbeitsproduktivität. Vati sagt, sie stehe in unserer Volkswirtschaft an erster Stelle. Meine und Vatis Wirtschaft war der Haushalt. Wenn wir den nach Großmutterart führten, konnten wir uns gleich begraben lassen.

Mit Ärger im Bauch kann man gut arbeiten. Ich begoß die Blumen, schüttelte die Betten und klopfte sie glatt, als hätte ich Tante Felchow unter den Händen. Die Fenster machte ich nicht auf. Ich wollte mir nichts nachreden lassen. Und überhaupt, die Torte stelle ich ihr nachher vor die Tür! Den Staubsauger ließ ich brummen wie einen bissigen Bären. Was herumlag, stopfte ich in Schränke und Schubladen, und zum Schluß klatschte ich den Scheuerlappen durch mein Zimmer und das Bad.

Hier roch es. Es roch nach Ankes Hose. Aus Vatis Rasierwasserflasche nahm ich Gegengeruch und kniff mit der linken Hand meine Nase zu. Mit der Rechten warf ich Ankes Hose ins Wasser und schwenkte sie darin am Waschstock hin und her. Ein paarmal erneuerte ich das Wasser. Dann roch nichts mehr. Zur Sicherheit wusch ich den braunen Fleck noch mit Rosenseife weiß. Meine Schwester sollte niemandem schlecht riechen. Aber das schwor ich mir: Egal, wo und wann Anke mußte, in die Hose nicht!

Ich haute meine Mappe ins Regal und mich in den Ohrensessel. Feierabend! Schließlich war ich kein Pferd. Die haben es gut in der Genossenschaft. Sie werden nur noch fürs Reiten gefüttert. Aus Arbeitsgäulen waren Sportler geworden. War es bei mir nicht umgekehrt?

Ich überprüfte mein Schußbein. Augenblicklich hielt es nichts vom Sport. Das stimmte mich traurig. Fredi hatte mich auch sitzenlassen. Das stimmte mich noch trauriger. Ich biß in die Apfeltorte. Sie schmeckte wie Pappe. Ich schob sie von mir, und als es klingelte, blieb ich auf meinem Platz. Wer weiß, wer da was wollte. Was Vernünftiges kam bestimmt nicht. Ich starrte auf das Fenster. So unrecht hatte Tante Felchow nicht. Und wenn sie Mutti nun schreiben würde, langsam wird Ihrer Familie die Aussicht aus den Fenstern versperrt?

„Bist du taub?“

Ich fuhr hoch.

Fredi stand im Zimmer und musterte mich. „Sitzt im Sessel wie 'ne Padde, die spinnt!"

„Ich erhole mich", sagte ich.

„Mein lieber Mann", sagte er, „wenn ich mich immer gleich erholen würde! Kartoffeln mußte ich sortieren. Ein Haufen wie 'n Berg! Befehl von Muttern. Den ganzen Tag versauen sie einem!" Er nahm sich den Apfeltortenteller. „Schmeckt schau", stellte er fest. „Bestimmt reine Butter." Und kauend redete er weiter: „Bist 'n schöner Freund! Erholst dich stundenlang, und ich muß schuften."

„Ich auch!" Und ich erzählte ihm, was ich alles getan hatte. Fredi kaute und hörte zu. Schließlich stippte er die Krümel vom Teller, leckte die Fingerspitzen ab und sagte: „Nee, meine Mutter würde ich nicht nach Moskau lassen."

„Mußte sein", sagte ich.

„Trotzdem", sagte er. „Nu laß uns man! Meine Zehen jucken schon, und eure Unterfrau ist abgezogen in Richtung Falkenwalder Bus."

Tante Felchow liebt den Rasensport nicht. Sie schimpft, wenn wir ihn vor der Haustür pflegen. Wir sollen uns zum Sportplatz scheren, anstatt den Ball dauernd zwischen ihre Rosen zu donnern. Höchstens einmal die Woche soll dauernd sein! Sie begreift einfach nicht, daß für ein persönliches Zwischentraining der Weg bis zum Sportplatz keine Arbeitsproduktivität bringt.

„Die Luft ist rein“, drängelte Fredi. „Der neue Trick, ’n Köppertrick!“

„Ach, bloß ’n Köppertrick.“

Fredi blickte mich erstaunt an, denn Köpper zählt auch zu meinen Spezialitäten.

„Ich brauch meinen Kopf zum Denken“, sagte ich und sah auf das Fenster. Das war fällig. Tante Felchow brauchte es Vati nur zu flüstern. Wir hatten entschieden zu viele Fenster. Zu hoch und zu breit waren sie auch. Man müßte etwas erfinden, und da – da erwischte ich den Zipfel einer Idee, einer spritzigen Idee. Mit Fredi zusammen! Den mußte ich überzeugen. Ich sagte dumpf: „Guck dir mal die Fenster an.“

Fredi guckte. Dann fragte er: „Ja, und?“

„Die sind dreckig.“

„Durchsehen kann man“, stellte er fest.

„Und wie lange noch?“

„So schlimm wird das eigentlich nie“, sagte Fredi.

„Das meiste ist Außendreck“, sagte ich. „Der muß runter, aber ich hab keine Leiter.“

Ich beobachtete, wie es in Fredi zu arbeiten begann. „Nimm ’nen Strick“, schlug er vor und war schon Feuer und Flamme. „Du seilst dich an, und ich halt fest.“

„Nee“, sagte ich. „Nicht mit ’ner Leine.“

„Du meine Güte“, regte Fredi sich auf, „’n einfacher Strick! Habt ihr nicht mal ’nen Strick?“

„Den Schlauch nehmen wir.“

Fredi tippte sich an die Stirn.

„Paß auf", erklärte ich ihm, „wir schließen Vatis Autoschlauch an und putzen vom Garten aus."

Zu Hause hat Fredi bloß Pumpe und Gießkanne. Er brannte darauf, anzufangen. Ganz allein schleppte er den Schlauch aus der Garage und schraubte ihn an der Gartenwasserleitung fest. Auch mir kribbelte es plötzlich in den Fingern. Ich nahm die Spritze. „Probelauf!" befahl ich.

Fredi drehte langsam auf. Aus dem Schlauch rieselte es.

„Stärker!"

Ein kleiner Springbrunnen sprühte in die Luft. Er

wuchs, wurde hoch und höher. Bis in die Spitze des Apfelbaumes reichte er. Ich lenkte den Strahl auf das erste Fenster. Das pladderte vielleicht. Erst spritzte ich nur drauflos, dann gezielt von links nach rechts, von oben nach unten. Mehrmals natürlich. Der Spritzenmeister der Freibacher Feuerwehr konnte es nicht besser!

„Nu laß mich!“

Ich übergab an Fredi, und so wechselten wir uns von Fenster zu Fenster ab und rückten um das Haus herum vor. Wir arbeiteten mit Feuerwehreifer.

„Was macht ihr denn da?“

Vor Schreck drehte sich Fredi mit der Spritze um. Gabi! Sie quiekte und hopste vor dem Strahl zur Seite. „Bist du blöd“, fuhr Fredi sie an, „uns konnt’ das Herz stehenbleiben!“

Wir taten zwar Gutes, doch ich war trotzdem froh, daß nur Gabi uns überrascht hatte. „Wir probieren eine Neuerermethode aus“, erklärte ich ihr.

Gabi staunte. Sie wollte auch mal probieren. Fredi reichte ihr die Spritze. „Ausnahmsweise.“ Gabi richtete sie auf unser Speisekammerfenster. Wenn sie da etwas verpatzte, fiel es nicht groß auf. „Klasse“, sagte sie, „das führ ich bei uns zu Hause ein.“

Fredi warf sich in die Brust und prahlte: „Darauf muß man erst mal kommen!“

So ist es stets mit neuen Sachen. Vorher kennt sie niemand, aber wenn etwas erst da ist, wird es selbstverständlich. Ich sah schon voraus, wie sämtliche Einwohner von Freibach mit meiner Methode die Fenster putzen würden. Nicht bloß die Freibacher, auch die Leute im Kreis und im Bezirk und endlich überall auf der Welt. Wo es nur Fenster gab, putzte man nach der berühmten Andy-Schürmann-Methode.

Wie schnell sich Neues jedoch abnutzt, merkte ich daran, daß Fredi bereits das Interesse verlor. Er hatte etwas noch Neueres im Blick: ein Päckchen, das Gabi auf die Gartenbank gelegt hatte. Dem schenkte er seine ganze Aufmerksamkeit. Er ließ mich sogar zwei Fenster hintereinander putzen.

„Was ist 'n drin?" fragte er.

„Kuchen", sagte Gabi. „Meine Mutti schickt euch ein paar Stückchen."

„Das ist nett von deiner Mutti", sagte Fredi und steuerte die Gartenbank an.

„Ach, nicht für dich, für Andy und Anke."

Gerade lenkte ich den Wasserstrahl gegen das letzte Fenster, als Gabi aufschrie. „Hab dich nicht so", maulte Fredi, „ich freß deinen Kuchen nicht."

Mir war sofort klar, daß Gabi etwas völlig anderes meinte. Ich folgte ihrem ausgestreckten Zeigefinger. Meine Haare sträubten sich. Da lief das Wasser, graues Schmutzwasser, von oben herab über die Scheiben, die Tante Felchow gerade unter Lebensgefahr blank poliert hatte!

Schlagartig wurde mir schlecht. Gegen Fußball mekkert sie nur. In diesem Fall jedoch wußte ich nicht, was sie tun würde. Sie würde etwas tun! Und das mußte furchtbar sein! Ich ließ Hand samt Schlauch sinken.

„Willst du die Kellerfenster auch putzen?" fragte Fredi.

Ich brüllte: „Stell das Wasser ab, schnell!"

Da bekam er mit, was los war, und lief wie ein geölter Blitz. Ich setzte mich. Am liebsten hätte ich den Kopf in den Sand gesteckt, um nichts mehr zu sehen. „Was machen wir nun?" jammerte Gabi.

Fredi stand und musterte das Haus. Plötzlich griente er breit. „Mensch", sagte er, „guck dir bloß eure Fenster an. Einfach toll!"

Die waren mir egal.

„Nee, wirklich, guck mal hin!"

Widerwillig hob ich den Blick, und ich mußte zugeben, daß sie nicht schlecht aussahen. Sie blinkten sogar. Aber was nützte das?

Fredi griente noch breiter. „Hast du 'ne Leitung, wir putzen bei Felchows nach!"

Ich sprang auf, haute ihm auf die Schulter, und wir putzten in aller Eile. Diesmal nur einfach. Gabi sagte, daß das genüge. Als zukünftige Frau hat sie ein Auge dafür. Uns drückte die Zeit, denn wir wollten Überraschungen vermeiden. Auf beiden Seiten. Der leichte Wind trocknete die Scheiben schnell. Sie sahen wie neu aus, das Haus auch und der Rasen davor. Mir wurde leicht wie eine Feder. Ich hätte fliegen können, Tatsache!

„Kannst abstellen." Ich zielte mit der Spritze auf Tante Felchows Küchenfenster.

„Geschafft!“ schrie Fredi. „Hurra!“

Anstatt ab drehte er voll auf. Das Fenster mußte nur angelehnt gewesen sein. Der Wasserdruck stieß es zurück, der Strahl zischte hinein, ehe ich ihn nach draußen ablenken konnte. „Du Ochse!“ schrie ich Fredi an. „Du dämlicher Ochse!“ Am liebsten hätte ich geheult.

„War doch nur aus Versehen“, sagte er und war käseblaß. Gabi behielt den Kopf oben. Auf ihren Befehl schleppten wir die Gartenleiter an das Fenster. Mit Eimer und Scheuerlappen stieg sie in die Küche ein, während ich die Leiter halten und Fredi am Zaun Schmiere stehen mußte. „Ist halb so schlimm!“ rief sie heraus. Ich hörte sie wirtschaften und klappern und rumoren. Nach einer Weile erschien sie auf der Leiter. „Kopf weg!“ Sie kippte den Eimer aus. Dann kletterte sie herunter und sagte: „Alle Spuren verwischt, der Fleck an der Wand muß allein trocknen.“

Fredi kam angerast. „Weg! Schnell weg! Herr Felchow in Sicht!“

„Wo?“

„Hinten an der Ecke!“

Das ging. Jedenfalls besser als Tante Felchow. Wir stießen die Leiter in den Schuppen und rannten hinauf in unsere Wohnung.

„Mensch, der Kuchen!“ Fredi sauste zurück. Als er wieder oben war, lauschten wir hinunter.

„Ob der was merkt?“ hauchte Gabi.

„Glaub ich nicht“, flüsterte ich, „fürs Häusliche fehlt Onkel Felchow der Blick.“

Fredi zischelte: „Schschsch, jetzt ist er an der Haustür!“ Wir hielten die Luft an. Onkel Felchows Schuhe knarrten, als hätte er sie nicht bezahlt. Er murmelte vor sich hin, aber ich verstand nichts. Dann schloß er auf. Gleich darauf schnappte seine Wohnungstür zu. Wir lauschten weiter. Alles blieb still.

Ich atmete erst normal, als ich im Wohnzimmer stand und unter mir das Radio quasselte. Bestimmt war Onkel Felchow gar nicht in die Küche gegangen.

„Habt ihr gehört, wie er sich wunderte, daß es hier geregnet hat?“ Fredi kicherte. Er machte sich über das Paket her. Gabi aß auch. Ich hatte am wenigsten Appetit, dafür Durst. Weil keine Brause im Kühlschrank war, lud ich meine Helfer zum Konsum ein.

Fräulein Bärbel reichte mir schnell zwischendurch drei Flaschen und den Öffner.

„Mußt du Mäuse haben“, sagte Fredi, „uns einfach auf ’nen Schluck einzuladen!“

Ich erzählte von unserer Haushaltskasse, die ich verwaltete. Fredi staunte. „Das gefällt mir gut an eurer Wirtschaft. Aber sonst?“ Er grübelte eine Weile, dann schlug er vor: „Man müßte euch sozialistisch helfen.“

Nun staunte ich.

„Wenn ich mit Muttern rede“, sagte Fredi, „vielleicht würde sie bei euch reinemachen. Einmal die Woche. Wäre nicht schlecht für dich. Oder?“

Ich erklärte, es wäre im Gegenteil sehr gut.

„Natürlich nicht für umsonst.“

Gabi lachte so, daß ihr Brause in die falsche Kehle kam. „Das ist doch kein Sozialismus!"

Ich sagte schnell: „Das macht nichts, das macht überhaupt nichts, auch der Sozialismus will bezahlt sein."

„Na bitte!" fuhr Fredi auf Gabi los. „Wo sein Vater Partei ist, muß Andy es schließlich wissen." Er streckte mir die Hand hin. „Topp?"

„Topp!" sagte ich und schlug durch.

Zur Krippe kam ich gerade noch zurecht. Kaum war ich mit Anke zu Hause, fuhr Vatis Trabi auf den Hof. Ich spähte aus dem Küchenfenster, ohne mich sehen zu lassen, denn Tante Felchow stieg mit aus. Sie schnupperte in die Luft und sagte: „Hier riecht es nach Regen. Schade um meine Fenster, der Glanz ist hin!"

Vati glänzten unsere genug. Sie fielen ihm sofort auf, auch mein sauberes Zimmer. Er sagte: „Andy, das hätte ich nicht von dir erwartet." Er nahm mich um die Schultern. „Hast wohl mächtig geschuftet, was?"

„Ach", sagte ich und lauschte weiter, denn ich hatte mein eines Ohr ganz auf die Wohnung unter uns ausgerichtet. Doch ich hörte weder Tante Felchows Aufschrei, noch kam sie die Treppe heraufgestürmt. Mir fiel ein Stein vom Herzen, und ich seufzte tief auf.

Vati seufzte auch. „Zehn Jahre wirst du erst und hast schon so viel auf dem Hals, mein Sohn. Ein bißchen mehr Zeit zum Spielen täte dir gut."

„Dadada", brabbelte Anke.

Wir mußten lachen. Ich fand es mächtig anständig von Vati, daß er das einsah.

„Aber ich weiß nicht, wie ich es verändern kann“, sagte er, und da überraschte ich ihn mit Fredis sozialistischer Hilfe.

„Junge, wenn das klappen würde! Eine Sorge weniger.“

„Es klappt. Wir brauchen nur zu bezahlen.“

Das störte ihn nicht die Bohne, und Vati ist schließlich der beste Sozialist, den ich persönlich kenne.

Gleich nach der Schule steuerte ich Kurs Konsum. So sparte ich Zeit und einen doppelten Weg.

Leider richtet sich unser Stundenplan mit dem Feierabend nicht nach den Öffnungszeiten. Nur zweimal in der Woche springt eine Arbeitsersparnis heraus. Da ab und an unverhofft eine Stunde ausfällt, hatte ich mir angewöhnt, für diesen Glücksfall ein Netz in meiner Mappe zu haben.

Um die Mittagszeit herum ist das Einkaufen ein Vergnügen. Dann arbeiten die meisten Leute, und die anderen essen oder halten ihren Mittagsschlaf. Nach drei aber, oje, oje! Die Mittagsschläfer sind aufgewacht und beginnen den Laden zu verstopfen. Würden sie nur einkaufen, ginge es noch. Doch einige schleppen tausend Neuigkeiten heran und müssen sie unbedingt loswerden. Es ist beinahe so, als suchten sie nur deswegen den Konsum auf. Haben sie endlich ihre Neuigkeiten abgeladen und sogar bezahlt, dann fällt ihnen todsicher noch dieses und jenes ein, was sie vergessen haben. Natürlich nicht auf einmal, sondern schön kleckerweise.

Aufregen kann mich auch, wenn jemand erst, wenn er an der Reihe ist, zu überlegen beginnt, was er eigentlich kaufen will. Ich überlege vorher und schreibe meine Besorgungen auf einen Zettel. Mir soll keiner nachreden, ich sei ein Konsumhindernis. Leicht haben es die Verkäuferinnen nicht, und dabei sollen sie noch freundlich und flink sein.

Am freundlichsten und flinksten ist Fräulein Bärbel. Offene Augen hat sie auch. Wenn ich von einem Fuß auf den andern trete, sieht sie sofort, wie eilig ich es habe, und nimmt mich vorfristig heran. Als sich einmal ein Dauereinkäufer aufregen wollte, sagte sie nur: „Das ist ein werktätiger Schüler. Er muß eine ganze Familie ernähren."

Der Konsum war fast leer. Ich grüßte laut auf meine freundliche Art, so daß Fräulein Bärbel gleich aus dem Lagerraum kam. Sie erkennt mich an der Stimme. „Na, Andy", sagte sie, „was soll's denn sein?"

Ich las meine Wünsche vom Zettel ab. Aus den Regalen holte Fräulein Bärbel einen Wunsch nach dem andern und stellte alles auf den Ladentisch. Wir hatten sogar Zeit zu einem persönlichen Gespräch, denn wir behinderten niemand außer uns selbst.

„Wie geht's?" fragte sie.

„Es geht", sagte ich.

„Schaffst du alles?"

„Na ja“, sagte ich, „über die Runden komm ich schon.“

„Wenn mein Mann später halb so tüchtig ist wie du, hab ich es gut.“

„Hoffentlich kriegen Sie so einen.“ Und den wünschte ich ihr von Herzen.

„Mal abwarten“, sagte sie und begann zu rechnen. Ich riet ihr, daß sie gut aufpassen solle, denn einen Mann habe man fürs ganze Leben. Sie gab mir recht. Als ich bezahlt hatte, winkte sie mich nach hinten in den Verkäuferinnenraum. Dort setzten wir uns, und ich war mächtig gespannt, weil Fräulein Bärbel so geheimnisvoll tat. „Andy“, sagte sie, „ich hab mir etwas überlegt: Mit dem Einkaufen, das machen wir beide von heute an anders.“

„Soll ich hintenherum kommen?“

„Ach, wir machen es modern!“

Für modern bin ich immer. Meine Eltern auch. Wir sind eine fortschrittliche Familie.

„Wir machen Minuteneinkauf“, schlug Fräulein Bärbel vor. Darunter konnte ich mir absolut nichts vorstellen. So etwas hatte es in Freibach bisher nie gegeben, daß man Minuten zu kaufen bekam. Fräulein Bärbel erklärte mir jedoch, ich solle jeden Morgen meine Tasche mit dem Bestellzettel abgeben, sie habe dann Zeit, alles einzupacken, und nachher brauche ich nur noch zu bezahlen und abzuholen.

„Aha“, sagte ich, „so kauft man mit all dem andern Zeug auch noch Minuten ein.“

Außerdem könne kein Mensch mehr meckern, wenn sie mich extra bediene, meinte Fräulein Bärbel. In den Städten sei Minutenkauf ein alter Hut, in Freibach aber das Neuste vom Neuen. Ich wäre der erste Minuteneinkäufer, und wir beide würden so den Fortschritt mit nach Freibach bringen.

„Sonderklasse", sagte ich, „das ist Arbeitsproduktivität!"

„Wie bitte?" fragte Fräulein Bärbel.

Nun klärte ich sie auf und erzählte von meiner Arbeitsproduktivität im Haushalt. Sogar meine Fensterputzmethode verriet ich ihr. Schließlich kennen wir uns gut, und Fräulein Bärbel tratscht kein Geheimnis aus. Als ich mich verabschiedete, sagte sie: „Wenn es etwas Besonderes gibt, pack ich es dir natürlich ein."

„Einverstanden", sagte ich, und ich fand Fräulein Bärbel schwer in Ordnung. Sie ist die allermodernste Verkäuferin von ganz Freibach. Vati war völlig meiner Meinung. Schade, daß Fräulein Bärbel nicht in meinem Alter ist. Ich würde sie später heiraten, da sie sowieso einen Mann wie mich haben möchte. Wir paßten prima zueinander, wir denken über unsere Arbeit nach.

Es war Viertel nach acht, und ich hatte noch keine Lust, ins Bett zu gehen. Anke schlief, Vati kam erst morgen abend von seinem Zweitagelehrgang zurück, und ich konnte tun und lassen, was ich wollte. Ich war Chef.

Ich setzte mich in Vatis Sessel. Ein geräumiger und

bequemer Apparat. Wer weich sitzt, kann scharf denken. Ich beschloß, wie Vati zu arbeiten, und nahm meine „Muttersprache" vor. Doch für die Wiederholungsaufgabe, die Fräulein Baumann uns aufgegeben hatte, war das Denken pure Verschwendung.

Warum sollte ich an diesem schönen Abend etwas tun, was keinen Spaß macht? Es war Feierabend, und Feiern verbietet das Arbeiten. Vielleicht sollte ich eine Brause trinken, prost! sagen und lustig sein. Quatsch, dazu gehören mindestens zwei. Wer prostet sich schon selber zu!

Vatis Sessel ist ein altertümlicher Drehsessel, ein Erbstück. Aber Vati benutzt ihn nie zum Karussellfahren. Es ist ein völlig unausgenutzter Drehsessel. Wenn ich ihn später erbte, wollte ich auch als Vater täglich meine Runden drehen. Mit Radio war es wie Karussell für umsonst. Ich stieß mich ab und kreiste im Takt der Musik mal aufwärts, mal abwärts, ganz so, wie der Sänger beim Singen Pausen zum Luftholen machte.

Dann spielten sie etwas Flottes. Ich gab Gas und sauste abwärts, bis es plötzlich ruckte und ich vom Sitz flog.

Außer einer Kopfbeule war mir nichts passiert, aber dem Sessel. Das Gewinde saß fest. Ich wackelte und wuchtete, daß mir der Schweiß von der Stirn tropfte, doch ich schob nur das Fußgestell auf dem Teppich hin und her. Verdammter Sessel! Ich gab ihm einen Tritt. Auf einmal drehte sich das Biest wieder. Es drehte sich, als ob es nur den Tritt gebraucht hätte, um zur Vernunft zu kommen.

Ich wischte mir den Schweiß ab, holte eine Brause aus dem Kühlschrank und trank sie auf einen Zug leer. In diesen blöden Sessel setzte ich mich nie wieder! Fernsehen war besser. Ich knipste Licht und Radio aus und die Flimmerkiste an.

Hurra, ein Krimi!

Ein Kerl wie ein Athlet, über dem rechten Auge eine schwarze Binde. Er drehte den Kopf über die linke Schulter und spähte ins Dunkle. Dunkelheit ist immer gut, da passieren die tollsten Sachen. Ich zog die Beine auf die Couch und machte es mir gemütlich.

Der Kerl linste und linste. Merkte der noch immer nicht, daß ihm keiner folgte? Endlich! Er sprang über einen hohen Gartenzaun, huschte auf ein Haus zu. Wie seine Schritte knirschten! Bestimmt ein Kiesweg. Tatsache, der Kerl holte eine Leiter, kletterte hinauf und drückte ein Fenster ein. Nun stand er auf dem Flur. Das Gesicht mit der schwarzen Augenbinde kam auf mich zu, der Mund grinste breit und entblößte eine Zahnlücke. Direkt unheimlich. Hoffentlich wollte der nichts als Geld klauen.

Aber nein, ein Messer blitzte auf! Der Kerl schlich sich an eine Tür. Er lauschte. Sein eines Auge glühte. Er drückte die Klinke herunter. Knarrend öffnete sich die Tür. Mannomann, wenn da bloß keiner zu Hause war!

Es war einer zu Hause. Ich hörte seine Atemzüge, er schlief friedlich. Wo blieb denn nur der Kriminalkommissar!

Lautlos schob sich der Schuft auf das Bett zu. Jetzt – jetzt! Er hob die Hand, holte aus ... Ich schrie, um den Schläfer zu retten. Der richtete sich auf. „Bist du es, Egon?“

Nein, Egon war es nicht! Das Messer blitzte durch die Luft, der Schuft stieß zu.

Ich sprang auf, preßte beide Hände vors Gesicht, aber ein furchtbares Röcheln drang mir in die Ohren. Ohne hinzusehen, schaltete ich den Fernseher aus. Das Röcheln verstummte. Ich hörte nur noch mein Herz klopfen. Ganz laut klopfte es in der Dunkelheit, die mich nun umgab.

Schnell knipste ich sämtliche Lampen an: die an der

Decke mit ihren fünf Armen, die Stehlampe neben der Couch, Vatis Schreibtischlampe, die beiden Wandleuchten überm Eßplatz. Das Licht leuchtete bis in den letzten Winkel. Mein Herz klopfte wieder normal. Ich setzte mich in den ledernen Besuchssessel. So ein Quatsch, Krimi sehen und Angst kriegen! Es war doch alles bloß Theater. Trotzdem ließ ich den Fernseher aus und stellte wieder das Radio an.

Feierabend. Das ist etwas Schönes. Ich wollte an was Schönes denken und holte mir die Ansichtskarten, die Mutti geschickt hatte.

Moskau. Eine riesige Stadt, Millionen Lichter brennen dort. Die Moskauer hocken abends nicht zu Hause, sie treffen sich mit Freunden und gehen spazieren auf den breiten, prächtigen Straßen, hatte Mutti geschrieben. Ich las ihre Briefe. Mutti hatte es gut. Sicher ging auch sie mit Freunden durch das lichterfunkelnde Moskau. Vati saß jetzt mit seinen Kollegen zusammen. Nur ich, ich war allein.

Wie still es war! Die Stille übertönte die Radiomusik. Obwohl ich es nicht wollte, lauschte ich in diese Stille hinein. Was war das? Ein Käuzchen? Gleich darauf bellte ein Hund. Ganz nah. Vorm Haus, das mußten Schritte sein.

Plötzlich fiel mir ein, daß ich mit Anke allein im Haus war. Tante und Onkel Felchow hatten mir noch vorm Sandmännchen gesagt, daß sie zur Versammlung gingen und gleich abschließen würden. Und wenn sie es vergessen hatten?

Da! Es hatte geknackt!

Mutterseelenallein war ich mit Anke. Ich mußte sie beschützen. Aber wie angeschmiedet blieb ich in meinem Sessel sitzen und starrte auf die Dunkelheit hinter den weißen Gardinen. Wenn einer kam, ein Mörder wie vorhin, dem machte es nichts aus, daß wir im ersten Stock wohnten. Der hatte ja eine Leiter. Der sah mich sofort sitzen bei dem vielen Licht.

Ich riß mich aus dem Sessel, ließ mich auf den Teppich gleiten, lauschte nach draußen. Mein Herz hämmerte so, daß es mich beim Lauschen störte. Und diese Musik, dieses entsetzlich laute Gedudel! Auf allen vieren kroch ich zum Radio und schaltete es aus.

Wieder lauschte ich. Es knackte nichts. Nur das Käuzchen schrie, und der Hund bellte. Vielleicht war der Mörder noch gar nicht im Haus. Vielleicht beobachtete er die Fenster. Wenn ich mich aufrichtete, konnte er mich womöglich sehen. Ich kroch weiter, von einer Lampe zur anderen, und knipste sie alle aus.

Von draußen blickte die Straßenlaterne weiß und matt herein. Aber wenn der nun dachte, jetzt ist es bald soweit, jetzt kann ich ... Ich kroch los und knipste wieder an.

Nein, im Dunkeln war es besser! Da konnte der nicht mitkriegen, daß ich nur ein Junge war. Er konnte denken, hier wohnt ein Mann. Ein starker Mann wie Vati. Ich machte das Licht aus und schob mich mit dem Rücken an der Wand hoch. Wenn ich zum Fenster ging, würde ich den Vorgarten übersehen. Würde sehen, ob der über den Zaun klettert. Ob der sich traut?

Mein Blick fiel auf die Übergardine am Eckfenster. Ich erstarrte. Dahinter stand jemand. Eine Hand. Seine Hand mit dem Messer! Ich griff aufs Regal, packte ein Buch, schleuderte es auf diese Hand. Es klirrte, die Übergardine bauschte sich. Die Hand war weg! Da stand niemand.

Was da zerklirrt war, jetzt wußte ich es, war Muttis gläserner Krug mit der großen weißen Chrysantheme. Muttis Glaskrug, weiter nichts.

Ich schluchzte auf, rannte ins Schlafzimmer, schloß die Tür ab, zweimal. Die Nachttischlampe an. Hier waren die Jalousien heruntergelassen. Niemand konnte herein. Ich schob Stühle vor die Tür, die Frisierkommode, dann sah ich nach Anke. Ganz tief schlief sie. Ihr Atem ging leise auf und ab. Ich rüttelte sie. „Anke“, sagte ich, „Anke!“ Sie quäkte ein wenig. Ich war froh, daß sie quäkte, und hob sie in mein Bett. Mir zitterten die Beine. Ich kroch neben Anke und legte meine Arme um sie. Ich war für sie verantwortlich. Ich mußte sie beschützen. Und zusammen waren wir beide nicht so allein, nicht so schrecklich allein ...

Mich trat jemand in die Seite. Wo war ich nur? Wer rief mich? Ich öffnete die Augen. Es war dunkel bis auf ein kleines Licht. Allmählich begriff ich, daß das die Nachttischlampe war und ich in meinem Bett lag. Anke stieg auf mir umher, sie hatte mich getreten. „Adi“, rief sie, „Adi!“

„Na“, fragte ich, „bist du allein aus deinem Bett geklettert?“

Da fiel mir ein, warum sie bei mir war. Mich überlief es heiß und kalt. Ich sprang aus dem Bett, um die Jalousien hochzuziehen. Draußen schien die Sonne, der Wind fegte den Himmel blau. Was für ein schöner, heller Morgen!

Weit machte ich das Fenster auf und beugte mich hinaus. Gerade trabten am Ende unserer Straße Fredi, Gabi und Peter mit der Schulmappe auf dem Rücken um die Ecke. Ich schaute auf die Uhr. „Auf, Anke!" Sie dachte, ich wollte mit ihr Greife spielen, und quietschte vor Vergnügen. „Los", schimpfte ich, „wir müssen uns beeilen!" Doch dann begriff ich, daß es zum Beeilen zu spät war.

Als wir fertig waren, setzte ich Anke in den Sportwagen, und trab, trab fuhr ich sie in die Krippe zu Frau Krüger.

„Lauf, Andy, lauf", sagte sie, „ich stell den Wagen schon weg."

Ich nahm die Beine in die Hand. Sehr leise klopfte ich an unsere Klassentür. Zum drittenmal verspätet, seit Mutti fort war. Auf dem Weg hatte ich mir eine lange Rede zurechtgebastelt, aber ich bekam nicht mehr heraus als: „Entschuldigen Sie, bitte."

Fräulein Baumann fragte nichts. Sie schickte mich auf den Platz. Ich war froh, daß ich untertauchen konnte.

„Wirst 'n richtiger Gammler", sagte Klaus, der neben mir sitzt.

„Quatsch!“ Ich fühlte mich hundeelend. Nicht nur, weil ich zu spät gekommen war, sondern überhaupt.

In der Pause haute Fredi mir auf die Schulter. „Na, hast du Anke so lange den Popo gewischt?“

„Mein lieber Freund“, sagte Peter, „das sollte ich mir mal erlauben und laufende Meter zu spät kommen!“

„Hast Glück, daß dein Vater Schulrat ist“, sagte Klaus. Mir war zum Heulen zumute. Nun fingen meine Freunde auch noch an. Was wußten denn die! „Ein ganz dolles Glück“, sagte ich, und ich drehte mich um. Sonst hätte ich vielleicht wirklich geheult.

Als Fräulein Baumann „Andy!“ rief, wollte ich es zuerst überhören, doch das nützte ja nichts, und so ging ich zu ihr auf den Flur, um mir von ihr auch noch die Ohren vollsingen zu lassen.

„Wie geht's, Andy?“

„Ach“, sagte ich. Weil sie mich so freundlich anguckte, fast wie Mutti guckte sie, und niemand in unserer Nähe war, erzählte ich ihr ein wenig von der vergangenen Nacht.

„Ganz allein warst du in der Wohnung?“

„Im Haus, Anke war noch da.“

„Hattest du keine Angst?“ fragte sie leise.

„Ein wenig“, sagte ich.

„Das kann ich gut verstehen, ich bin auch nicht gern allein im Haus.“

„Graulen Sie sich?“

Sie nickte, und ich wunderte mich, daß sie es einfach

zugab. „Weißt du was“, schlug Fräulein Baumann vor, „wenn wieder mal einer von uns allein zu Hause bleiben muß, sagt er dem andern Bescheid.“

„Klar“, rief ich, „und dann kommen Sie zu uns!“

„Mach ich“, sagte sie.

In der nächsten Stunde fragte Fräulein Baumann, wer ein Held sei. Na, da wußten wir Bescheid! Freiheitskämpfer sind Helden, Kosmonauten und Soldaten, die unsere Heimat beschützen. Die Mädchen schleppten Märchenhelden an. Sie töten Drachen oder andere Untiere. Im Märchen geht es immer gut aus. Zum Schluß küssen die Helden etwas furchtbar Scheußliches. Das verwandelt sich in eine Jungfrau oder Königstochter, und die kriegen sie zur Frau. Ja, dann gucken die Helden schön dumm!

Wir Jungen lehnten Märchenhelden ab, wir waren für heutige Helden. Klaus sagte: „Lebensretter.“ Wir fanden weiter Forscher, Feuerwehrleute, Kriminalkommissare, Kapitäne ...

„... und Arbeiter“, sagte Fredi. „Held der Arbeit.“

Peter meldete sich wie ein Wilder und rief in die Klasse: „Ein Fußballer, der viele Tore schießt!“

Damit schien Fräulein Baumann weniger einverstanden zu sein, denn sie fragte sofort: „Wie stellt ihr euch einen Helden vor?“

Wie ich sie kannte, hieß das, wir sollten die Eigenschaften eines Helden herausarbeiten. Ich hielt es zuerst für kinderleicht. Natürlich war er mutig und tapfer. Aber da erklärte Fräulein Baumann schon, beides sei dasselbe.

„Er ist gerecht", sagte Gabi, „und hat ein gutes Herz."

Daß ein Held hübsch sein müsse, wie ein paar Mädchen behaupteten, empfanden wir Jungen als großen Quatsch. Ob ein Held Segelohren und Sommersprossen hat, ist piepegal, wenn er nur – sagen wir mal – eine Brücke gut verteidigt und alle Verräter kaputthaut, und dabei haben sie ihm vielleicht schon ein Ohr abgeschossen, weil es im Wege war, und er steht kurz vorm Verdursten und hat bloß noch einen Schluck Limo.

Mit der Zeit einigten wir uns auf den Satz: Ein Held vollbringt unter Schwierigkeiten und persönlichen Opfern eine außergewöhnliche Tat.

Fräulein Baumann schrieb ihn an die Tafel, setzte jedoch keinen Punkt, sondern sie drehte sich um und fragte: „Für wen vollbringt er diese Tat?"

Für wen schon? Für die Menschen natürlich, für Waldameisen nicht. Fräulein Baumann ließ nicht locker, sie wollte es unbedingt genau wissen. Gemeinsam fanden wir den Schluß des Satzes: zum Nutzen und zum Wohl der guten Menschen. In Klammern fügte sie hinzu: fortschrittliche Gesellschaft.

Ich war froh, daß wir es soweit geschafft hatten, und ich dachte, wir würden endlich zu lesen beginnen. Vorn auf dem Tisch lag nämlich ein Berg Bücher. Bestimmt handelten sie von Helden. Fräulein Baumann ist jedoch ein sehr gründlicher Mensch. Sie fragte: „Wer von uns ist ein Held?"

Da waren wir geplättet. Unter uns sollte einer sein, auf

den der lange Satz an der Tafel zutraf? Höchstens, daß Fräulein Baumann sich selbst meinte. Lehrer ist ein schwerer Beruf, und erst vor ein paar Tagen hatte sie festgestellt, daß wir schon eine Gesellschaft seien. Darum sagte ich: „Wenn einer von uns ein Held sein muß, dann können nur Sie es sein."

Fräulein Baumann schüttelte den Kopf. Fredi kriegte das große Kichern. Er lehnte Frauen als Helden ab. Gabi widersprach ihm und erzählte von Vietnam. „Frauen und sogar Kinder haben für die Freiheit gekämpft", sagte sie.

„Stimmt", sagte Klaus, „Kinder auch."

„Aber nur männliche", flüsterte Fredi hinter mir.

Wir musterten uns gegenseitig, ob wir nicht wenigstens an einem von uns ein Stückchen Held entdecken konnten. Wir entdeckten nichts.

„Andreas Schürmann ist ein Held", sagte Fräulein Baumann. Ich dachte, mich tritt ein Pferd! Ich und ein Held? Alle hatten sich zu mir umgedreht, so daß ich gar nicht wußte, wo ich hingucken sollte. Fräulein Baumann mußte sich irren. Ein Held grault sich nicht und sieht keine Gespenster. Ich schämte mich.

Fredi rief: „Der hat doch keinen umgehauen, einen Feind oder Bösewicht oder so!"

„Aber die meisten Tore hat er geschossen!" schrie Peter.

„Ja", sagte Klaus, „zum Beispiel unser letztes Siegestor."

Fräulein Baumann sagte: „Hätte Andy seiner Mutti nicht zugeredet, wäre Frau Schürmann nicht zum Studium gefahren. Sein Vater ist oft unterwegs. Andy bleibt mit seiner kleinen Schwester allein. Sogar nachts. Er trägt die Verantwortung, sein Vater kann sich auf ihn verlassen."

Fredi fragte: „Und die Gesellschaft? Wo bleibt die?"

„Mann!" Klaus tippte sich an die Stirn. „Dann kann Andys Mutter ihren Schülern mehr beibringen. Ist doch klar, daß das für die Gesellschaft ist!"

„Richtig", sagte Fräulein Baumann. „Für mich ist Andy ein Held."

Da guckten sie mich noch einmal an. Sie grienten nicht mehr, und ich schämte mich nicht mehr. Wenn Fräulein Baumann es so meinte, würde ich wohl ein Held sein. Sie mußte es schließlich wissen. Eine Lehrerin weiß immer alles. Oder fast alles. Komisch, mir war gar nicht aufgefallen, daß ich ein Held war. Ich kam mir gleich stärker vor. Meinetwegen konnte Mutti ein ganzes Jahr in Moskau bleiben. Das schaffte ich schon. Trotzdem freute ich mich ungeheuer, daß es so lange nicht dauern würde.

„Ich kenne auch eine Heldin, die ist so alt wie ihr", sagte Fräulein Baumann.

Wir Jungen bekamen lange Ohren. „Ein ... ein Mädchen?" fragte Fredi.

„Sie heißt Gesine."

„Das Buch kenn ich!" rief Gabi. „Und der Film lief einmal Sonntag vormittag."

„Immer wenn wir Fußball spielen“, zischte Fredi mir ins Ohr.

„Vielleicht findet auch ihr, daß Gesine eine Heldin ist“, sagte Fräulein Baumann und verteilte die Bücher. Natürlich reichten sie nicht. Das ist nichts Neues. Die Schnelleser bekamen deshalb zuerst. Ich gehörte dazu, Fredi nicht. Er drängelte so sehr, bis Fräulein Baumann ihm eines gab. Zu mir sagte er: „Das muß ich erst mal wissen, ob da was dran ist.“

Fräulein Baumann hatte uns so gespannt gemacht, daß

mein Heldenschein nicht mehr ganz so hell erstrahlte, aber wegzuwischen war er nicht. Beim Mittagessen stieß Peter mich an. „Ganz allein warst du in der Nacht?"

Ich nickte, denn sicher reden Helden nicht viel, sie handeln lieber.

„Und wo ihr dicht am Wald wohnt."

Ich blickte auf meinen Teller und löffelte schnell weiter.

„Von dir glaub ich schon", sagte Fredi, „daß du eine Art Held bist. Aber ein Mädchen?"

Kaum daß ich zu Hause war, legte ich mit dem Lesen los, und ich las mich fest. Ich lief neben Gesine her, lernte mit ihr Nikolai kennen und half ihn gesund pflegen. Ich haßte diesen aufgeblasenen Volker und den großschnauzigen Dorfgendarmen.

Eine Freundin wie Gesine wünschte ich mir. In unserer Klasse gab es keine, die ihr ähnlich war. Oder doch? Ich schloß die Augen und sah mir die Mädchen aus unserer Klasse der Reihe nach an.

Gabi Mertens? Sie ist hilfsbereit und kümmert sich um ihre Geschwister. Bestimmt hätte sie Nikolai auch geholfen. Als Fredi einmal Gabis kleinsten Bruder aus Versehen umgestoßen hatte, da war sie auf ihn losgegangen, daß Fredi vor Schreck den Rückwärtsgang einschaltete, obwohl er viel stärker ist als sie. Hinterher hatte er zwar gegrinst und Kückenmutter gerufen. Wir hatten ebenfalls gegrinst, Peter und ich. Ich bekam plötzlich

Hitzeohren. Fredi war ungerecht, Peter und ich auch. Ein Held muß dem Schwächeren helfen. Ein Held muß gerecht sein.

Ob ich den Mut gehabt hätte, Nikolai beizustehen?

Mein Blick fiel auf die Uhr. Höchste Zeit, um Anke abzuholen. Am liebsten hätte ich weitergelesen, doch wenn man schon ein Held sein soll, kann man nicht tun, was einem paßt. Dann muß man wohl zuallererst seine Pflicht tun.

Der Gedanke an Gesine hatte sich in mir festgehakt, und so sagte ich, als Vati mich ins Bett schicken wollte: „Ich muß mich noch um Gesine kümmern."

„Hallo, mein Sohn!" sagte er und bekam tiefe Mundfalten.

„Nicht was du denkst", erklärte ich schnell, „um die Gesine von Karl Neumann."

„Neumann", überlegte Vati, „Karl ... Hier bei uns in Freibach?"

Meine Güte, hatte er eine Leitung! Ich zeigte ihm das Buch.

„Ach so, der Karl Neumann", sagte Vati, „die Gesine kenn ich."

Nachdem ich ihm erzählt hatte, daß die Schnelleser es schnell lesen sollten, erlaubte er sogar, daß ich aufblieb, obwohl er vor ein paar Monaten damit nicht einverstanden gewesen wäre. Da war ich auch nichts als ein gewöhnlicher Schüler, während ich nun ... War ich nun ein Held oder nicht? Vielleicht half Gesine mir, es herauszufinden.

Wir setzten uns an die Arbeit: Vati an seinen Schreibtisch, ich in den Ohrensessel. Als ich das Buch zuklappte, war mir eng in der Kehle. Ob Gesine ihre Eltern wiedergesehen hatte? Ich wünschte es mir so sehr, und ich war froh, daß der Kuckuck Hoffnung gerufen hatte.

„Na, Andy?“

„Die Gesine“, sagte ich, „das war ein Mädchen! Glatt eine Heldin.“

„Heldin ...“ Vati dachte nach.

„Auch zum Schluß ist sie nicht umgekippt, obwohl sie es schwer hatte ..., mächtig schwer.“

„Deine Gesine hat getan, was ein guter Mensch tun muß“, sagte Vati.

„Weil sie gute Eltern hatte“, fiel ich ihm ins Wort.

„Sicher auch darum, Andy. Damals, weißt du, wurde mancher ein Held, weil er menschlich sein wollte.“

„Kann man aus Versehen ein Held werden?“

„Ja und nein“, sagte Vati. „Es hängt vom Herzen und vom Kopf ab, mein Junge. Wenn der Mensch nur etwas tut, und es ist genau das Richtige, weil es notwendig ist und menschlich ... Zuerst tat Gesine der sowjetische Kriegsgefangene leid. Sie half ihm. Sie half ihm auch weiter, als sie merkte, daß es gefährlich war. Nikolai hatte ihr ja die Strohpuppe geschenkt, er war ihr Freund und verließ sich auf sie. Freilich ahnte Gesine sicher nicht, wie lebensgefährlich das für sie und ihre Mutter werden mußte. Sie handelte, wie ein wahrer Mensch handeln muß. Damals war das ein Verbrechen.“

Ich erinnerte mich, daß das Wort Held im Buch nicht vorgekommen war, und ich beschloß, anstatt darüber nachzugrübeln, ob ich ein Held sei oder nicht, lieber das zu tun, was ich tun mußte, weil es notwendig und richtig war.

Zweimal hatte Vati von damals gesprochen, und er erklärte es mir genauer. „Vor 1945 war es", sagte er, „als Deutsche die Sowjetunion überfallen hatten."

„Du auch?"

„Nein", sagte Vati, „ich nicht. Ich war jünger als deine Gesine. Wäre ich älter gewesen ... Andy, es war eine Zeit, in der Recht zu Unrecht gemacht wurde und Unrecht zu Recht."

„Eine verkehrte Welt?"

Er nickte.

Noch ein Gedanke schoß mir durch den Kopf. „Aber die Sowjetmenschen sind unsere Freunde?"

„Ja", sagte er, „weil es Menschen gab, die gegen das Unrecht gekämpft haben, und weil wir die verkehrte Welt nach dem Krieg geradegerückt haben."

„Mit Menschen wie Gesine?"

„Mit Menschen wie sie."

In der Nacht träumte ich, daß der Gendarm auf mich losmarschierte. Ich beschützte Nikolai, und Gesine stand an meiner Seite. Wie Gabi sah sie aus. Wir hielten uns an der Hand und wichen keinen Schritt zurück. Da – auf einmal wurde der Gendarm klein wie eine Maus und rannte davon. Gesine lachte, und ich wachte auf, weil mir das Herz bis zum Halse schlug. Es war dunkel ringsum. Ich mußte etwas tun.

Leise schlich ich ins Wohnzimmer. Ich nahm das Briefpapier hervor und schrieb an Mutti.

„Liebe Mutti“, schrieb ich, „hast Du ein Glück, daß es Mädchen wie Gesine gegeben hat, sonst könnten Deine Freunde in Moskau nicht Deine Freunde sein ...“

Den ganzen Tag schon rann der Regen herab in langen, feinen Fäden, und es schien, als würde er nie mehr aufhören. Es war richtiger Novemberregen.

Mich störte die graue Nässe nicht. Ich saß im warmen Zimmer. Leise knackte es in der Heizung. Der Fußboden blinkte, es roch nach der Möbelpolitur, mit der Fredis Mutter unsere Anbauwand behandelt hatte. Hochglanz überall. Nur einer wie ich konnte beurteilen, wie sozialistisch diese Hilfe war. Ich hatte frei. Ohne Schummeln frei, und die Hausaufgaben waren fertig.

Hochglanz steckt an. Ich nahm mir meinen Fußball vor, um ihn mit Lederfett zu pflegen. Bei dem Wetter hatte er Pause wie ich. Der Ball sah ganz schön mitgenommen aus. Schwerstarbeit nützt ab. Die Nähte erhielten deshalb eine Portion Extrafett. Nachdem ich einen alten Freund versorgt hatte, kamen die andern an die Reihe, die Töppen. Ich kremte sie zweimal und wienerte sie so blank, daß sie jeden Torwart blenden mußten. Als ich Ball und Schuhe weggeräumt hatte, war der Nachmittag noch lang. Still war er auch, sehr still.

Wie wäre es, wenn ich Anke früher abholte?

Am Morgen hatte ich sie mit Gummistiefeln und Regenumhang ausgerüstet. Vorsichtshalber steckte ich mir Vatis Regenschirm unter den Anorak. Aufgespannt nehm ich ihn nur in dringenden Fällen. Zum Beispiel für Ankes Gesundheit, die bei Vati und mir an erster Stelle steht, weil keiner von uns fehlen kann.

Der Regen wurde dichter, als ich von der Hauptstraße abbog. In der Amselspitze, einem Kleinstpark mit Büschen, drei Bäumen und einer Bank, saß jemand. Nur ein Verrückter kann sich mitten im Novemberregen auf eine Bank setzen.

Der Verrückte kam mir bekannt vor. Ich ging näher, um sicher zu sein. Tatsache, es war Klaus. Ich setzte schon an, um zu fragen, ob er feststellen wollte, wie lange das Wasser braucht, um vom Kragen bis in die Schuhe zu laufen, aber er bemerkte mich nicht. Ganz zusammengekrümmt und verlassen saß er da, und es schien mir, als flösse er gleich mit dem Regen davon auf Nimmerwiedersehen. Mir wurde angst. Um irgend etwas zu tun, sagte ich einfach: „Tag!"

Er antwortete nicht.

„Du mußt hier weg. Sonst wirst du krank."

„Mir egal", sagte er. „Dann sterb ich wenigstens."

„Red keinen Quatsch!" sagte ich.

Nicht mal seinen Anorak hatte er über. Im Pullover hockte er vor mir. Und der Regen regnete, und die Bäume regneten mit. Schwere Tropfen ließen sie fallen. Sie fielen auf Klaus. Er war ganz naß. Sein Gesicht sah aus, als wäre er schon tot. Ich setzte mich neben ihn und spannte den Schirm auf, um wenigstens die schweren Tropfen abzufangen. Sie klopften laut auf unser Regendach. Gleichmäßig wie eine Uhr, die niemand anhalten kann.

Klaus sagte: „Sie lassen sich scheiden."

„Deine Eltern?" sagte ich. Er sollte nicht wieder aufhören zu reden. Ich dachte, es wäre besser, wenn er redet. Und ich fragte: „Auf einmal?"

„Vorhin haben sie es mir gesagt. Dann sind sie nach Falkenwalde gefahren zum Gericht."

„Sie dürfen sich nicht einfach scheiden lassen", sagte ich. „Schon deinetwegen nicht."

„Es müßte verboten werden“, sagte er.

Ich wollte ihm Hoffnung machen und sagen, daß sie es sich vielleicht überlegen würden, doch ich ließ es sein. Diese Hoffnung machte ich mir selbst. Nur darum, weil ich es mir nicht vorstellen konnte, daß Eltern einfach auseinandergehen. Auch Klaus konnte es sich noch immer nicht vorstellen. Dabei hatten seine Eltern ihn im kalten Regen sitzen lassen. Es war falsch, ihn mit Hoffnung zu belügen. Genauso wie es falsch war, ihn weiter hier auf der Bank hocken zu lassen. Er brauchte jemand. Ich war sein Nebenmann in der Schule, und wir spielten in einer Mannschaft. „Komm mit“, sagte ich. „Ich muß Anke holen.“

Er stand auf und ging neben mir her. Vor der Krippe blieb er stehen. „Nicht mal 'ne Schwester hab ich“, sagte er.

Dann würden zwei im Regen sitzen. Nein, mit Anke hätte ich mich dort nie hingesetzt! Zu zweit ist es leichter. Und gleich waren wir drei. Ich wollte Klaus schon auf andere Gedanken bringen.

Wir nahmen Anke in die Mitte und faßten sie an. „Das ist Klaus“, sagte ich zu ihr. „Sag mal Klaus!“ Den Gefallen tat sie mir natürlich nicht. Sie wollte mit uns rennen. Plötzlich ließ sie sich nach hinten fallen und verlangte: „Hops!“ Wir ließen sie zwischen uns große Sprünge machen. Anke kreischte vor Vergnügen, und wir keuchten vor Anstrengung, als wir bei uns anlangten.

Ich überlegte, was wir anfangen könnten. Spielen?

Vielleicht Mensch-ärgere-dich-nicht? Unmöglich! Genausogut kann man auf einer Beerdigung tanzen. Also gab ich Klaus erst mal trockne Sachen und versorgte Anke. „Bring deine Gummistiefel ins Badezimmer", sagte ich zu ihr. Sie sockte los.

Ich machte Milch heiß. Jeder bekam einen Löffel Honig hinein, Muttis Mittel gegen Erkältung. Wir konnten es vertragen.

Anke kam angetrabt und streckte mir ein Paar schmutzige Strümpfe entgegen. „Taus", brabbelte sie, „taus!"

„Du Ferkel", sagte ich und nahm sie ihr weg. Dabei kam mir eine Idee. Vati sagt immer, daß Arbeit die beste Medizin sei. Warum sollte sie Klaus nicht helfen? Schmutzige Strümpfe mußten sich eine Menge angesammelt haben. Mal waren sie sowieso fällig. Ich trank meine Milch aus und sagte: „Ich muß noch Strümpfe waschen."

„Du?" Klaus guckte erstaunt.

„Ja, ich." Und ich ging ins Badezimmer. Strümpfewaschen war eine glatte Kleinigkeit. Klaus folgte mir. Das sollte er auch. Unsicher blieb er an der Tür stehen. Ich warf unsere Waschmaschine an und schüttete ein großes Paket Waschpulver hinein. Bestimmt war das reichlich, doch desto sauberer wurden die Strümpfe.

„Das hab ich noch nie gemacht", sagte Klaus.

„Machen wir alle Tage, mein Vati und ich", sagte ich.

„Dein Vater auch?"

„Natürlich."

„Meiner hat nie geholfen", sagte Klaus. Und nach einer Pause: „Ich auch nicht."

„Mann, habt ihr viel Zeit gehabt!" Ich klopfte an das Thermometer und guckte, ob die Ladung bald zu kochen begann.

„Jetzt hat er 'ne Freundin", fing Klaus wieder an.

„Das kommt davon, wenn der Mensch zuviel Zeit hat."

Irgend etwas mußte ich schließlich darauf sagen, und ich fand, es hörte sich passend an.

„Die will er heiraten", sagte Klaus, „'ne ganz Junge. Aus seinem Betrieb. Er hat sie qualifiziert."

„Deine Mutter hätte deinen Vater mal lieber waschen lassen sollen."

„Meinst du?"

„Klar!" Ich war auf einmal sehr froh, daß wir soviel Arbeit hatten. Für Freundinnen blieb keine Zeit. Schon wollte ich sagen, daß unser Vati bestimmt keine Freundin hätte, doch da fiel mir ein, ich könnte Klaus weh tun. Es war wirklich nicht leicht, mit einem Schwerverletzten umzugehen. So sagte ich nur: „Hilfst du mir?"

Er krempelte sich die Ärmel auf, und wir topften die Strümpfe, die blubbernd gekocht hatten, in die Badewanne um. Ich ließ warmes Wasser dazu. Dann wurden sie durcheinandergeschwenkt und bekamen wieder neues Wasser. Anke half auch. Sie planschte mächtig. Ich zog sie aus und setzte sie mit in die Wanne. So war es für sie bequemer, und ihre Sachen wurden nicht unnötig naß. Außerdem sparte ich das Baden ein. Das fand ich äußerst produktiv.

Als ich Anke trockengerubbelt ins Bett setzte, sagte Klaus: „Bist wie 'ne Mutter."

„Muß man als Mann einfach können“, sagte ich.

Die Strümpfe sahen sauber, aber irgendwie fremd aus. Sicher machte die Nässe sie unkenntlich, oder es lag an dem schummrigen Licht auf dem Wäscheboden. Ich reichte zu, und Klaus klammerte sie an. „Eigentlich“, sagte er, „macht es ganz schönen Spaß.“

Das Schlimmste hatte er überstanden! Ich fragte, was mit ihm werden würde.

„Ich bleibe bei Mutti.“

„Dann hilf in Zukunft vernünftig.“

Er nickte und sagte: „Jetzt muß sie ja arbeiten gehen.“ Ich gab ihm mit auf den Weg, daß er sich ordentlich um seine Mutter kümmern sollte, denn er war der einzige, den sie hatte. „Ehrenwort!“ versprach er, und mir fiel ein Stein vom Herzen.

An der Regenbank, das wußte ich, rannte er nun vorbei.

Mit der Zeit kam unser Haushalt immer mehr auf Touren. Anke zog sich schon allein den Schlafanzug aus und an. Ich wusch bereits mit doppelter Geschwindigkeit ab und baute in fünf Minuten tadellos glatte Betten. Mit Hilfe des dritten Kochbuchs hatte Vati seine ersten unvermanschten Blaubeereierkuchen geliefert. Und jeden Donnerstag machte Fredis Mutter sehr haltbar sauber. Weil Vati eine großzügige Art hat, war auch sie nicht kleinlich. Unsere weiße Wäsche wusch sie bei sich zu Hause mit.

„Eine in sich gefestigte Wirtschaft“, sagte Vati stolz. „Wir haben eine neue Qualität erreicht, mein Sohn.“

Nach dieser Qualität veränderten wir unsern Arbeitsplan und nagelten ihn neu in der Küche an. Trotzdem – Überraschungen blieben nicht aus.

Ich mußte meine Strümpfe wechseln. Das muß der Mensch von Zeit zu Zeit. Meine Hand tauchte in das Schubfach. Sosehr ich angelte, ich ertauchte nichts als Leere. Ich zog die alten an, denn morgens läuft die Uhr am schnellsten. Nur wegen sauberer Strümpfe wollte ich mich nicht ein viertes Mal verspäten.

Mittags stieg ich hinauf zum Wäscheboden. Eine Woche Trockenzeit mußte genügen, und wirklich, sie hatte gereicht. Ich trug die Ladung ins Schlafzimmer, um endlich etwas Sauberes und Ganzes an die Füße zu bekommen.

Einfach hineingreifen, und ich hatte ein Paar, das war ein Trugschluß. Wer will schon mit einer roten und einer grünen Socke durchs Leben laufen. Komisch, bei manchen war keine bestimmte Farbe zu erkennen. Sie sahen bunt aus. Ich konnte mich nicht erinnern, daß wir Männer so bunte Strümpfe getragen hatten. Einige schienen kleiner geworden zu sein. Doch da konnte ich mich täuschen.

Nach einigem Suchen fand ich ein passendes Paar und zog es an. Freundlich blickten mir beide große Zehen entgegen. Ich fischte weiter und erwischte zwei blaue, die zusammengehörten. Der Hacken saß mir unter der Sohle. Meine Füße mußten den Strümpfen entwachsen sein, obwohl mir die Schuhe nach wie vor paßten. Das dritte Paar war auch kaputt. Daß Strümpfe so viele Löcher haben können?

Wieder zog ich die alten an. Klaus wartete auf mich.

In der Stunde hatte er sonst immer prima mitgemacht, nun aber starrte er oft vor sich hin wie auf der Regenbank. Ich wollte ihn nicht im Stich lassen und verschob das Strumpfproblem.

Am Abend teilte ich Vati mit: „Eine Lücke im Arbeitsplan!"

„Nanu", sagte er.

„Mit unsern Strümpfen sieht es mies aus."

Er ging an sein Schubfach und stellte ebenfalls eine Flaute fest. Zögernd fragte er: „Und ... wo?"

Ich zeigte ihm den Waschkorb. „Sind alle sauber."

Darüber war er sehr froh und machte sich ans Sortieren. Einzeln legte er die Strümpfe auf den beiden großen Betten aus. Dann machten wir unsere Augen scharf. Keine halbe Stunde, und wir hatten alle Socken zu Paaren zusammengefunden. Zwei einzelne blieben übrig. Vati warf sie in den Korb zurück und bestimmte sie zu Autoputzlappen.

Einige Paare, die ihm gehörten, waren ganz. Er legte sie in sein Fach. „Das hier müßten auch meine sein", sagte er und musterte die grauen Socken in seiner Hand. „Sind verdammt eingelaufen."

„Sieht so aus“, stimmte ich zu.

Vati versuchte sie in die Länge zu ziehen, aber der einzige Erfolg war, daß die vorher ganzen Strümpfe zerrissen. „Schlechte Qualität!“ stellte er ärgerlich fest und tat sie zu den Putzlappen.

Ich sagte: „Schade um die Arbeit, dabei hab ich sie so gut gekocht.“

Nachdem wir alle stark verkleinerten und zu bunten Strümpfe in den Korb geworfen hatten, blieb noch ein ansehnlicher Haufen übrig. Aber: Löcher, Löcher, Löcher.

„Wir müssen neue kaufen“, sagte ich.

„Hm“, machte Vati. „Und stopfen? Du hast doch Nadelarbeit in der Schule gelernt.“

Ich fürchtete, er hielt das für eine gute Idee. Jedenfalls ließ er sich nicht davon überzeugen, daß Stopfen Mühe macht. „Andy“, sagte er, „ich hab noch viel Arbeit. Probier es wenigstens. Es braucht ja nicht heute abend zu sein, meinetwegen auch morgen.“

„Vorsichtshalber werde ich an neue denken“, sagte ich. Das erschien mir sicherer als eine feste Zusage.

Ausgerechnet unter meinen Strümpfen befand sich kein einziges Paar, das nicht entzwei war. Ich suchte mir welche, die nur ein kleines Loch hatten. Wenn ich die Zehen zusammenkrallte, wurde es unsichtbar. Das war wichtig, denn wir hatten am nächsten Tag Sport.

In unserer Klasse sind sie nicht auf den Kopf gefallen, doch mir gelang das Kunststück, ganze Strümpfe vorzutäuschen. Einen Spitznamen wie Bollenandy oder so wollte ich mir nicht einhandeln. Deshalb sorgte ich sofort nach der Schule für Nachschub. Und dann stand ich zu Hause vor dem Berg sortierter Strümpfe. Sollte ich anfangen?

Seufzend erinnerte ich mich an die Nadelarbeitstunden und wie schwierig es war, zwischen Wolle und Twist zu unterscheiden. Frau Brömmel hatte mir wohl den Unterschied zwischen Radieschen und Rotkohl null-Komma-nichts beigebracht, aber bei den Feinheiten der Nadel hatte sie an meiner Antenne vorbeigepeilt.

„Andy! Andy!“ brüllte es vorm Haus.

Ein Glück, ich mußte zum Training! Am Sonntag ging es um die Herbstmeisterschaft. Wir hatten Heimvorteil. Wenn wir die Falkenwalder jedoch schlagen wollten, durften wir keine Trainingsminute verschenken. Vati als Fußballer mußte dafür Verständnis haben.

Als es Mittwoch abend klingelte, ahnte ich nichts Böses, doch Franzi stand vor der Tür. Eigentlich heißt sie Franziska Freddersdorf. Wenn ich sie sehe, muß ich an ganz süße Bonbons denken. Deshalb paßt Franzi besser. Sie möchte, daß ich Tante zu ihr sage. Aus dem Kleinkindalter bin ich lange heraus, und meine Tante ist sie nicht, nur Vatis ehemalige Studentenkollegin.

„Hallo, Andy“, säuselte Franzi. „Ich wollte mal gucken, wie es euch so geht.“

„Gut“, sagte ich.

„Wie geht es dem lieben Vati?“

„Auch gut.“

Damit hätte ich ihr am liebsten die Tür vor der Nase zugeschlagen, doch Franzi überlief mich und stürzte sich auf Anke, die ausgerechnet in diesem Augenblick auf den Flur hoppelte. „Ach, du süßes Goldkind! Nun gucke mal, wer dich besuchen kommt, mein Herzchen, mein kleines!“ Franzi nahm Anke auf den Arm und berieselte sie mit Küssen, so daß sie ein ganz verängstigtes Gesicht machte. Mir tat sie nicht leid. Warum mußte sie angeklekkert kommen!

Was tun, um Franzi rauszugraulen? Meist fällt mir so viel ein, daß ich eine Ideenkonferenz beliefern könnte. Der Schubs an der Tür mußte mein Gehirn außer Gefecht gesetzt haben. Es gab nichts her als: Schwirr ab, alte Eule! Das gehörte sich leider nicht. Meine Eltern halten auf Höflichkeit. Manche Leute können nichts dafür, sagen sie, nimm dich trotzdem zusammen. Dabei hatte ich Mutti im Verdacht, daß sie von Franzi auch alte Eule denkt.

Wenn ich auf dem Flur stehenblieb, schubste mich der liebe Besuch womöglich aus dem Haus. Er hatte sich schon im Wohnzimmer eingenistet und fütterte Anke mit Schokoladenplätzchen. „Das geht nicht!" sagte ich. „Sie verstopft."

„Hach, bist du ein besorgtes Brüderchen", säuselte Franzi, steckte aber ihre Plätzchen weg. Natürlich heulte Anke los. Ich schnauzte sie so an, daß sie vor Schreck verstummte.

„Mein armes Schätzchen, komm, die liebe Tante tröstet dich." Franzi ging mit ihr im Zimmer hin und her. „Ja, ja, die Mutter fehlt – und die Hausfrau auch!" Sie fuhr über den Fernseher und hielt mir ihren Zeigefinger hin. „Sieh nur!"

Ich sah fast nichts und sagte: „Staubwischen steht donnerstags im Plan. Macht Fredis Mutter."

Ohne mich zu fragen, war Franzi bereits ins Schlafzimmer geschwebt. „Andy, die Luft ist schlecht."

„Vorhin hab ich gelüftet. Da war sie gut."

„Gewischt muß werden."

„Morgen nach Plan“, sagte ich.

„Weißt du, das beste ist, ich spiele ein wenig Hausfrau.“ Sie setzte Anke ab, und es sah aus, als ob Franzi sich nun sofort die Ärmel hochkrempeln und zu schrubben beginnen würde. Am Ende wollte sie sich bei uns festschrubben. „Nein“, sagte ich, „das geht nicht. Sie würden unsern Plan total durcheinanderbringen.“

„Aber Andy, du sollst doch Tante zu mir sagen.“

„Auch mit Tante geht es nicht.“ Weil sie gerade vor dem Haufen löchriger Strümpfe stand, schoß mir endlich eine Idee ins Gehirn. Ich mußte Franzi wenigstens festsetzen, sonst kontrollierte sie unsere Wohnung bis zum Keller. Vorsichtshalber ging ich zum Du über. „Stopfen kannst du!“

„Stopfen?“ Mißtrauisch musterte sie die Strümpfe.

Ich sagte: „Die stehen nicht im Plan.“

„Habt ihr denn alles hier zum Stopfen?“

„Ich glaube nicht“, sagte ich schnell, denn mir kam eine zweite, noch bessere Idee. „Du kannst sie auch bei dir zu Hause stopfen, Tante Franzi.“

Aber sie macht keinen Finger krumm, um die Strümpfe einzupacken und zu verschwinden, sie verdrehte bloß die Augen. „Hach, Andy, ihr braucht so nötig eine Ersatzmutti!“ Dann schlenderte sie mit Anke auf dem Arm ins Wohnzimmer zurück und ließ sich in den Ohrensessel fallen.

Ich war sprachlos. Unsere Mutti ersetzen! Für eine Mutter gibt es keinen Ersatz. Eine Ersatzschraube gibt es,

Ersatznägel, Ersatzbeile. Und nicht mal ein Paar Strümpfe stopfen wollen! Ich ging auf Franzi zu und nahm ihr Anke vom Schoß. „Komm her!"

„Bist du aber ein komischer Bruder", sagte Franzi beleidigt.

„Adi, Adi!" krähte Anke und faßte mich um.

In diesem Augenblick hörte ich unsern Trabi auf dem Hof. Ich ließ Franzi sitzen, wo sie saß, und öffnete Vati die Tür. „Da drin macht sich 'ne Überraschung breit", sagte ich und deutete über die Schulter aufs Wohnzimmer.

Vati war wirklich überrascht. Er ließ die Mundwinkel hängen, doch dann zog er ein Höflichkeitsgesicht.

„Walter!" Franzi streckte ihm beide Hände entgegen. Vati nahm eine, und auch nur kurz. „Da wollte ich euch helfen ..."

„Ich hab ihr die Strümpfe gezeigt, die kann sie stopfen", fuhr ich dazwischen, denn mir reichte es. Ich ging Anke baden. Durch die Wand hörte ich Franzi säuseln, und ich erinnerte mich an den Nachmittag, als Klaus hier gestanden und gesagt hatte: Jetzt hat Vater 'ne Freundin. Auf einmal fiel es mir wie Schuppen von den Augen, was Vatis Ausspruch bedeutete, daß Franzi scharf auf Männer sei. Sie sollte mich kennenlernen!

Obwohl es planmäßig nicht meine Arbeit war, bereitete ich eilig das Abendbrot vor. Ein anständiger Mensch geht, wenn er nicht dazu eingeladen wird.

„Das Essen ist fertig. Anke muß ins Bett."

Vati atmete auf und wollte sich erheben, aber Franzi drückte ihn in den Sessel zurück. „Nein, hast du einen goldigen Jungen! Ich werde euch den Tisch decken, damit ihr es einmal gemütlich habt.“ Und sie entschwebte in die Küche. Ich wollte hinterher. Vati hielt mich fest. „Andy“, sagte er, „laß mich nicht im Stich!“

Es wurde ein sauersüßes Abendbrot. Danach wollte Franzi mich und Anke zu Bett schicken. Ich sagte: „Vati und ich, wir legen uns immer zusammen hin.“

„Was tust du denn so lange, mein Kleiner?“

„Arbeiten“, sagte ich.

„Und das duldest du, Walter?“

Vati erklärte ihr, daß er es dulde und es sei sehr schön, so gemeinsam am Abend zu arbeiten.

„Ab und zu sehen wir auch fern“, sagte ich.

„Oder wir erzählen uns was“, sagte Vati.

„Und manchmal“, sagte ich, „da lesen wir uns gegenseitig unsere Arbeiten vor. Das dauert stundenlang.“

Franzi erhob sich. Ihr Gesicht vereiste, und sie sagte: „Dann will ich euch nicht stören!“

Vati half ihr in den Mantel, und ich fragte, ob sie sich die Strümpfe mitnehmen wolle. Franzi warf mir einen Blick zu, als wollte sie mich zu Feinfrost verarbeiten, und entschwand.

Vati atmete auf und sagte: „Danke, mein Sohn.“

„Ist selbstverständlich“, sagte ich.

Beinahe wäre ich umgefallen, als Vati mir erzählte, daß

der große Traktor sein Spiel auf den Sonntagvormittag verlegt habe. „Es hilft nichts", sagte er, „du mußt zu Hause bleiben."

„Und wenn Tante Felchow Anke nimmt?"

Er schüttelte den Kopf. „Hab schon gefragt. Sie verreisen übers Wochenende."

Immer müssen die Leute zur unrechten Zeit verreisen! Bei uns ging es um den Herbstmeister. Ich bin Mittelstürmer und erster Torjäger dazu. Vati hatte es mir selbst bestätigt. Auf mich konnte unsere Mannschaft nicht verzichten, und das sagte ich ihm.

„Aber du kennst unsern Tabellenplatz", erinnerte er.

Den kannte ich. Schlußlicht. Jeder Punkt war wichtig. Ohne Vati lief es überhaupt nicht. Er ist der Spielmacher beim großen Traktor. Und trotzdem! Ich schleppte Vati vor den Arbeitsplan. Dort stand schwarz auf weiß, daß er am Sonntagvormittag Kinderdienst hatte. „Na ja, na ja", sagte er, doch er ließ nicht locker und redete von Einsehenmüssen und Notstand, und zum Schluß schlug er sogar vor zu knobeln.

„Ich verknoble nicht Ehre und Ansehen", sagte ich.

Er verstummte. Klar, nur ein Überelefant hätte diesen Treffer vertragen. Aber nach dem Abendbrot fing Vati wieder an. „Gut", sagte er, „spielen wir beide. Ihr spielt hier, also nimmst du Anke einfach mit auf den Platz."

Eine typische Vaterentscheidung. Er zog seinen Kopf aus der Schlinge, und ich hatte Anke auf dem Hals.

„Sprich mit deiner Mannschaft, das muß zu organisieren sein."

Mir reichte es. „Warum denn ich? Ausgerechnet immer ich! Wenn Mutti hier wäre ..."

„Schicken wir ein Telegramm", unterbrach er mich. „Wir bestellen sie zurück."

„Quatsch", sagte ich. Schließlich hatte ich Mutti zum Studium delegiert. Sollte sie nun unsertwegen aufhören? Dann redete ich schon lieber mit der Mannschaft.

Natürlich fiel ich nicht mit der Tür ins Haus. Ich sagte: „Sonntag darf ich nicht." Prompt schlugen sie vor Schreck fast hin, dann schrien alle durcheinander, und am Ende fragte Klaus, ob ich keinen Ausweg wüßte. „Vielleicht", sagte ich. „Wenn ich Anke mitbringen kann und einer von euch auf sie aufpaßt?"

„Kleinigkeit, das besorgt Peter, der ist sowieso bloß Ersatz!"

Vielleicht hätte er zugestimmt, wenn Fredi nicht von „Ersatz" und „sowieso bloß" gequasselt hätte, aber so wehrte Peter sich mit Händen und Füßen. „Dann komm ich gar nicht erst! Und wenn ich nie wieder spielen darf! Ihr werdet euch wundern, und bitten könnt ihr, bis euch die Zunge aus dem Hals fällt. Aufpassen, ihr spinnt wohl! Die andern äppeln Weiberknecht, und ich muß Anke nachrennen, die ist doch nicht zu halten, die gurkt doch hinter Andy her! Und geb ich ihr eine hinten drauf, geht der Spektakel los!"

„Mit Hintendrauf ist nichts", sagte ich.

„Da habt ihr's!" schrie Peter. Und als Fredi ihm weiter zusetzte, brüllte er: „Paß doch selber auf, du Großmaul!"

„Du bringst Anke mit“, entschied Klaus. „Irgendwie läuft es schon.“

„Und wenn der Schiedsrichter die Krabbe im Rucksack mitschleppt“, sagte Fredi.

Am Sonntag zog ich Anke warm und strapazierfähig an, schnallte sie im Wagen fest und schob los. Bis zum Sportplatz ist es weit und viel Sandweg dabei. Ein Spieler soll ausgeruht antreten, das weiß Vati genau. Ich mußte schwitzen wie ein Ackergaul und Anke noch Verhaltensregeln geben: „Du bleibst im Wagen. Hast du das verstanden?“

„Dadadada“, sagte sie.

„Und sitz still, kipp mir nicht um.“

„Dadada.“

„Ich stell dich hinter unser Tor, dann kannst du alles aus erster Hand sehen, kannst dich mit Klaus unterhalten, der steht im Tor drin, und in der Halbzeit komm ich zu dir. Hast du gehört?“

„Dada.“

„Gut“, sagte ich.

„Da“, sagte sie.

Ich war zufrieden, daß sie alles begriffen hatte, denn mir pfiff die Lunge, und die größte Sandkuhle lag noch vor mir.

Auf dem Sportplatz hatte ich kaum den Rücken gewendet, als Anke schon losbrüllte. Mitsamt dem Wagen war sie umgekippt. Wir befreiten sie mit vereinten Kräften, und Fredi sagte: „Anschnallen ist zwecklos. Die hat Kraft.“

„Rumlaufen auch“, sagte ich, „sonst rennt sie ins Spiel.“ Wir starrten auf Anke, die friedlich wie ein Lämmchen zu unsern Füßen spielte. Doch wehe, wenn ich sie aus den Augen ließ! Meine Stimmung sank von mies auf obermies, und ich sah, daß es meinen Freunden genauso ging.

„Wenn uns nicht bald was einfällt, hauen uns die Falkenwalder in die Pfanne.“

„Ich denke, ihr gewinnt heute“, sagte jemand hinter uns. Es war Gabi, die extra deswegen zum Sportplatz gekommen war.

Klaus winkte ab und deutete auf mich. „Ohne ihn nicht.“ Dann zeigte er auf Anke. „Und guck mal da.“

„Wenn es weiter nichts ist? Auf die paß ich auf.“

„Ein Sport-frei für Gabi!“ schrie ich. Wir schmetterten es aus vollen Kehlen und spurteten davon. Gerade rief der Schiedsrichter die Mannschaften zusammen.

Zuerst blickte ich mich ab und zu nach Anke um. Gabi wurde prima mit ihr fertig. Dann schossen die Falkenwalder ein Tor, ich hatte keine Zeit mehr zum Gucken, und in der Halbzeit mußten wir unsere Taktik absprechen, denn wir lagen noch immer im Rückstand. Als Fredi mit seinem Köppertrick den Ausgleich erzielt hatte, kämpften wir wie die Löwen. Eine Minute vor Schluß bekam ich den Ball auf den Latschen und drosch zu. Links oben im Dreiangel landete die Wumme. Sieg! Wir rissen die Arme hoch.

„Adi! Adi! Adi!“ krähte es hinterm Tor. Dort stand Gabi mit Anke. Ich rannte hin und umarmte beide.

„Mensch“, sagte ein Falkenwalder, „bringen die ihre Weiber und Gören auch schon mit?“

Am liebsten hätte ich ihm eine geschallert, aber es war noch nicht abgepfiffen, und nachher wollte ich mir als Gastgebermannschaft nichts vergeben.

Ich war vollkommen erledigt. Gabi und Klaus schoben den Wagen zurück. Anke klatschte immer wieder in die Hände und schrie: „Tor! Tor!“ Bei Thalmanns kehrte unsere Mannschaft ein und stieß an mit Siegerbrause. Natürlich feierten Anke und Gabi mit.

„Das letzte Stück schieb ich mit Fredi", sagte Peter, als wir die Gastwirtschaft verlassen hatten. Sie halfen mir sogar den Wagen ins Haus bringen.

Gabi blieb noch. Sie beruhigte Anke, die vor Müdigkeit quengelte. Ich machte ihr fix etwas zu essen, und Gabi legte sie ins Bett. Dabei entdeckte sie die Löcherstrümpfe. „Die müssen gestopft werden."

„Leider", sagte ich.

„Soll ich dir helfen? Ich geh nur Mittag essen."

Und Tatsache, sie kam wieder! Ich konnte es gar nicht fassen, daß sie sich freiwillig zu mir im Wohnzimmer auf den Teppich setzte und für uns beide einfädelte. Von ihr lernte ich den Unterschied zwischen Wolle und Twist im Handumdrehen.

Mit Gabi war das Strümpfestopfen leicht. Sie schaffte mindestens doppelt soviel wie ich. Was eine Frau im Haus so ausmacht! Aber deshalb 'ne Ersatzfrau besorgen? Die wollte am Ende Vatis Freundin werden, und dann hatten wir den Salat. Ich beschloß, mich für Vati zu opfern, und guckte mir Gabi noch einmal genau an. Zu allen andern guten Eigenschaften kam, daß sie geschickt war.

„Gabi", sagte ich, „willst du meine Freundin werden?"

Sie sah mich groß an. „Spinnst du?"

Ich merkte, ich mußte ihr das näher erklären. „Vati und ich sind zwei Männer. Verstehst du?"

Gabi nickte. Das begriff sie also.

„Er ist die meiste Zeit weg. Für wen bleibt – na, sagen wir mal – das Strümpfestopfen?"

„Für dich", sagte Gabi.

„Und wenn man so allein sitzt, dann macht es keinen Spaß und geht nicht vorwärts. Da könntest du mir schön helfen als Freundin. Auch bei andern Sachen."

Gabi guckte in die Luft und überlegte.

„Muß ja nicht immer sein", sagte ich.

„Immer hab ich auch keine Zeit."

„Ab und zu."

„Deine Freundin?" sagte Gabi zögernd. „Ich weiß nicht, ob wir das schon dürfen."

„Wir rennen rum zu euch und fragen deine Mutti", schlug ich vor.

Damit war Gabi einverstanden. Ihre Mutter hatte nichts dagegen, nachdem wir ihr gemeinsam alles auseinandergesetzt hatten. Nur furchtbar erkältet war sie. In einem fort hustete sie in ihr Taschentuch, ihr Gesicht wurde ganz rot dabei. Gabi fragte, ob das so plötzlich gekommen sei.

„Ganz plötzlich", sagte ihre Mutter und hustete wieder los.

„Soll ich dir das Bett aufdecken?" fragte Gabi.

„Nein, nein, das ist bloß Kurzhusten! Geht ihr mal eure Strümpfe stopfen."

Vati staunte über die gefüllten Strumpfkästen. „Tüchtig", sagte er, „endlich sind wir aus dem Schneider." Noch mehr staunte er, als ich ihm erzählte, daß ich mir eine Freundin angeschafft hatte, weil wir eine Frau im Haus brauchten. „Andy, du denkst auch an alles." Die Falten um seinen Mund zuckten. Dann wurde er ernst. „Ich möchte dir etwas vorlesen. Nimm bitte Platz." Vati deutete auf unsern Ohrensessel.

Mir wurde feierlich. Vati suchte im Regal unter den besonders erwachsenen Büchern. Eigentlich finde ich sie von außen langweilig. Kein Bild und nichts, nur ein Name auf dem Rücken, manchmal eine ganze Reihe mit demselben und darunter römische Zahlen. Je länger Vati suchte, desto feierlicher wurde mir, und gleichzeitig war ich mächtig gespannt. Nun blätterte er und fragte: „Ein Freund – weißt du, was das ist?"

Natürlich wußte ich das. Das sind zum Beispiel die, die nachmittags zusammen spielen. Ich sagte jedoch nichts, um ihn nicht zu stören, denn er blätterte und blätterte und schien nicht zu finden, was er mir verkünden wollte. Wahrscheinlich hatte er diese besonders erwachsenen Bücher lange nicht angerührt.

Damit mir das Warten wohl nicht zu lang werden sollte, sagte er, während er noch immer suchte: „Freundschaft endet nicht beim Strümpfestopfen."

„Wenn du Gabi und mich meinst", berichtigte ich, „hat sie bei uns damit angefangen. Vielleicht auch schon auf dem Sportplatz oder noch früher."

Vati antwortete nicht, sondern guckte längere Zeit auf die Seite, die er aufgeschlagen hatte. „Hör mal zu, hier schreibt ein Dichter etwas sehr Wahres über die Freundschaft: Sie soll so sein, daß einer des anderen Freund ist und von Herzen, und du sollst Gutes und Böses mit ihm teilen, ‚denn eben darum ist er dein Freund, daß er mit untertrete und es deinen Schultern leichter mache'. Verstehst du das?"

Ich nickte. Es hörte sich sehr einleuchtend an.

„Lies es dir noch einmal durch."

Ich sah auf den Deckel. Der Dichter hieß Matthias Claudius. Er war mir unbekannt, und sehr berühmt schien er auch nicht zu sein, sonst hätte Vati in dem Buch sicher besser Bescheid gewußt. Überhaupt hatte er etwas anderes vorgelesen, als darin stand. Erstens war es länger, und zweitens kam mir die Sprache mächtig altmodisch und schwierig vor, und deshalb begriff ich nun nicht mehr, was mir vorher sonnenklar gewesen war. Ich schaute Vati ratlos an.

„Also“, sagte er, „das ist so: Du sollst deinem Freund alles tragen helfen.“

„Alles?“ fragte ich. Sollte ich Gabi vielleicht die Mappe tragen? Da würde meine Mannschaft ganz schön jubeln. Außerdem schaffte Gabi das bißchen genausogut allein. „Das ist Quatsch“, entschied ich, „wenn ich ihr mal das Einkaufsnetz trage, genügt es völlig.“

Vati schüttelte den Kopf. „Falsch! Du sollst deinem Freund ...“

„Meiner Freundin also nicht“, unterbrach ich ihn.

„Freund oder Freundin, das ist egal“, sagte Vati und seufzte. „Es ist doch ganz einfach, Andy. Du sollst Gabi verstehen und gut zu ihr sein. Beschützen mußt du sie und ihr alles erzählen.“

So einfach war das nun wieder nicht. Ich fand es sehr viel für eine Freundin, die einem nur ab und zu half. Plötzlich schoß mir ein Gedanke durch den Kopf. „War Mutti früher erst deine Freundin?“

„Ja“, sagte er.

„Und du hast ihr immer alles erzählt?“

Vati stutzte. „Fast alles“, sagte er dann.

Das beruhigte mich. In der Regel kann man nie alles wörtlich nehmen, selbst bei einem Dichter nicht. Ich freute mich, daß Vati ehrlich war. Überhaupt ist man unter Männern ehrlich, und weil wir selten zu einem Männergespräch Zeit haben, fragte ich gleich weiter: „Und tragen hilfst du Mutti auch?“ Wenn er dem zustimmte, schwindelte er.

„Nicht nur ich“, sagte Vati, „du auch. Du trägst sehr viel.“

„Aber sie ist immer allein einkaufen gegangen, oder sie hat mich zum Konsum geschickt.“

Vati beugte sich vor und legte die Arme auf den Tisch. Ich tat es auch. Wir blickten uns wie zwei Verschwörer an. „Du darfst nicht alles so wörtlich nehmen, Andy. Sieh mal, Mutti studiert in Moskau. Wir haben sie hingeschickt, und es ist ihr nicht leichtgefallen, uns allein zu lassen, nicht wahr?“

Ich nickte, und mir wurde ganz komisch. An das Merkheft mußte ich denken und was sie sich für Sorgen gemacht hatte. Die machte sie sich jetzt noch, denn in jedem Brief stand, ob wir auch mit allem zurechtkämen.

„Wir machen es Mutti leichter, wenn wir zu Hause uns Mühe geben, damit sie in Ruhe studieren kann. Lügen können wir ihr ja nicht schreiben.“

„Das versteh ich alles“, sagte ich.

„Und etwas anderes meint der Matthias Claudius auch nicht“, sagte Vati. „Er spricht es allgemein aus, weil er nicht für jeden Menschen extra aufschreiben konnte, was der für seinen Freund tun soll. Kapiert?“

„Mutti ist also nicht nur deine Frau, sondern auch dein bester Freund. Und trotzdem muß es einen Unterschied geben, sonst hätte man nicht zwei Wörter dafür.“

„Tja“, sagte Vati, „das ist so ... Weißt du ...“

Entweder war es wieder so schwierig zu erklären, oder

er wollte sich drücken. Ich ließ deshalb nicht locker und fragte: „Na, wie denn?"

„Mit einer Frau lebt man zusammen."

„Mit einer Freundin nicht?"

„Im allgemeinen nicht. Und Mann und Frau haben gemeinsam Kinder."

„Für eine Frau muß man mindestens achtzehn sein?"

„Stimmt", sagte Vati.

„Nun weiß ich Bescheid."

Es war wie beim Fußball, und es dauerte noch eine Weile, bis ich von der Kindermannschaft in den großen Traktor hineingewachsen war. Trotzdem ist eine Freundin etwas Besonderes. Sozusagen ein Vorspiel, bevor man heiratet. Ich beschloß, mich Gabi von meiner besten Seite zu zeigen. Das Einkaufsnetz aber, das trug ich ihr doch nicht, denn der alte Dichter sprach, wie Vati gesagt hatte, nur allgemein.

Der Dezember war da. Ich merkte es nicht allein an den Weihnachtsschaufenstern, sondern auch an der Kälte. Acht Grad minus. An sich hab ich nichts gegen Frost, doch ohne Schnee und Schlittenfahren ist so etwas glatte Energieverschwendung.

Bei Mutti in Moskau hatte es schon lange geschneit. Im letzten Brief hatte sie mir sogar eine echte russische Schneeflocke geschickt. Leider war sie bloß als Wasserfleck auf dem Papier angekommen. Bestimmt mummelte Mutti sich jetzt bis über die Nasenspitze ein. Das

Radio hatte ein Kältehoch von minus zwanzig Grad gemeldet. Mutti ist frostempfindlich, und ich hoffte sehr, daß die Moskauer Heizer diesem Hoch gehörig die Zähne zeigten.

Unsere Heizung knackte und pustete den ganzen Tag. Vati stand eine halbe Stunde früher auf, um sie morgens ordentlich zu füttern. Ich war zum Nachmittagsheizer ernannt worden. Wenn die Dunkelheit in die Fenster kroch, stieg ich mit Anke in die Unterwelt und stopfte dem Ofen das glühende Maul. Wir hockten uns beide davor, und ich erzählte Anke vom Nikolaus.

Natürlich weiß ich, daß es keinen Nikolaus gibt. Trotzdem ist der sechste Dezember ein Feiertag für mich. Ich betrachte ihn als Probe für Weihnachten. Man muß sich darauf eintrainieren, damit man sich weder überfreut noch überfrißt. Bis jetzt war Mutti der Nikolaus gewesen. Ob Vati dieses Jahr daran dachte?

Ein paarmal ließ ich den Sechsten unauffällig ins Gespräch einfließen und beobachtete Vati. Er verzog keine Miene. Sicher war er zu alt, um sich an für ihn so lange zurückliegende Gegenstände wie Nikolausstiefel zu erinnern.

Anke sollte nicht unter Vatis Alter leiden. Im Jahr zuvor war sie zu klein gewesen und hatte nichts begriffen. Schokolade war für sie Schokolade. Ihr war es gleich, ob sie aus dem Nikolausstiefel oder von einer gewöhnlichen Tafel stammte. Doch der Mensch wird größer und verständiger. Ich hatte Anke auf den wichtigen Tag vorbereitet und wollte sie nicht enttäuschen. Drei schöne große Nikolausstiefel kaufte ich: einen für Anke, einen für Vati – zur freundlichen Erinnerung daran, daß er auch einmal ein Kind gewesen war – und einen für mich. Wer sollte an mich denken, wenn ich es nicht selbst tat?

Ich füllte die Stiefel heimlich, und als Vati am Abend eingeschnarcht war, verteilte ich sie. Ankes stellte ich dorthin, wo sie am Morgen auf den Topf gesetzt wird. Dann konnte sie in aller Gemütlichkeit auspacken. Vatis versteckte ich in seiner Schulratmappe. Damit er nicht erst zweifelte, ob der Stiefel ihm gehörte, ließ ich eine kleine Wodkaflasche heraussehen. Meinen stellte ich in meinen linken Hausschuh. Ich wollte mich gleich am Morgen freuen, weil alles so war wie in jedem Jahr zuvor.

In der Frühe aber hatte mein Stiefel einen Kollegen bekommen und Ankes auch. Einfach toll, wie heimlich Vati tun konnte! Daß er meinen Feiertag nicht vergessen hatte, fand ich prima. Er fand mich auch prima, denn als wir zur Arbeit gehen wollten, entdeckte er seinen Stiefel. „Mensch, Andy!" sagte Vati und strahlte Probe für Weihnachten.

„Wegen der Gleichberechtigung", sagte ich.

„Dann packen wir heute Muttis Geschenkpaket", entschied er. „Die ganze Familie soll sich freuen."

„Du schreibst die Adresse, du bist unser Vorsitzender."

Vati sagte: „Manchmal ist mir zwar nicht so, aber den hier, mein Sohn", und er zeigte auf den Wodka, „den trink ich am Abend auf deine Gesundheit."

Ich machte einen Bogen um Vatis Schreibtisch. Darauf lagen meine Mathe-Hausaufgaben. Zwei schrecklich schwere Aufgaben, für die ich Vati interessieren wollte. In der Schule hatte mich das halbe Dutzend Schneeflokken gestört, das an den Fenstern vorübergeschwebt war. Gespannt hatte ich gewartet, ob zur Krönung des Nikolaustages richtiger erster Schnee fallen würde. Er war nicht gefallen, nur Fräulein Baumanns Entscheidung, daß wir Seite achtundsechzig, Nummer sieben und acht zu Hause rechnen sollten.

Als es klingelte, rief Anke: „Papa!"

Vor der Tür jedoch warteten ein Fräulein und ein Herr. Eigentlich waren sie es nicht ganz, sondern standen erst kurz davor. Wegen meiner schlechten Erfahrung mit Franzi pflanzte ich mich breit in der Tür auf.

„Können wir bitte deinen Vater sprechen?" fragte der junge Mann.

„Noch nicht", sagte ich. Sie blickten sich ratlos an. Den Versuch, mich zu überrennen, unternahmen sie nicht, und weil sie mir keineswegs unsympathisch vorkamen, ergänzte ich meine erste Mitteilung: „Aber bald."

Der junge Mann guckte das werdende Fräulein an. „Pech. Wollen wir noch einen kleinen Spaziergang machen?"

Obwohl junge Leute mit Vorliebe im Dunkeln spazierengehen und sich dabei auf Parkbänken verpusten, schien ihr eine Gänsehaut über den Rücken zu laufen.

„Kalt draußen, nicht?“ fragte ich.

Das Fräulein nickte heftig. Sicher hatte sie schon Eisbeine. Da mir die beiden für Vati ungefährlich aussahen, schlug ich vor: „Sie können auch bei uns warten.“

Sofort taute das Fräulein auf. „O ja“, rief sie, „sehr gern!“

Ich gab die Tür frei und wartete an der Flurgarderobe, bis sie sich aus Sturzhelm, Schal und Anorak gepellt hatten. Bisher brauchte ich fremden Besuch nie allein zu empfangen, und so machte ich mir Gedanken, was ich als Hausherr zu tun hatte. Bestimmt mußte man sich vorstellen. Ich sagte deshalb: „Ich bin Andreas und werde Andy genannt. Das hier ist meine Schwester. Anke, nimm den Finger aus der Nase. Du brauchst die Hand zum Gutentagsagen."

Das Fräulein lachte. „Ich heiße Anja", sagte sie, und der junge Mann stellte sich als Toni vor.

„Bitte, treten Sie näher!" Ich öffnete die Wohnzimmertür.

„Wir fangen alle mit A an, sogar mit An, denn eigentlich heißt Toni Anton", sagte das Fräulein, „darum kannst du ruhig du zu uns sagen."

Ich fand das sehr in Ordnung und bot ihr unsern Besuchsohrensessel an. Toni nahm in Vatis Drehsessel Platz. „Ist der 'ne Wucht", sagte er und fuhr eine Runde Karussell. Das gefiel mir, und ich klärte ihn auf, daß der Sessel ein Familienerbstück sei.

„So einen Apparat möcht ich auch mal erben", sagte Toni und fuhr die Runde andersherum.

Seinem Besuch bietet man etwas an. Zumindest muß man höflich fragen. „Wollt ihr was trinken? Bier oder Brause?"

„Brause ist zu kalt, und Anton darf kein Bier", sagte Anja, „er ist motorisiert."

„Sag nicht immer Anton!"

„Mein Vorrecht."

Die beiden sahen einander an, als ob sie mitten auf dem Mond säßen. Uns hatten sie völlig vergessen. Ich hustete laut. Dann bot ich Milch an.

„Heiße?“ fragte Anja.

„Wenn du willst, kann sie kochend sein. Mit Honig.“

Toni schüttelte sich. Aber weil Anja dafür war, hatte er nichts dagegen. Ich forderte Anke auf, unsere Gäste zu unterhalten, und ging in die Küche.

Toni las in meinem Matheheft, als ich die Honigmilch ins Zimmer trug. „Haben wir dich bei den Hausaufgaben gestört, Andy?“

„Na ja... Gestört eigentlich nicht.“

„Steckengeblieben? Bei Nummer sieben und acht?“

Sogar die richtige Seite hatte er im Buch aufgeschlagen. Die stand zwar in meinem Heft, doch kombinieren konnte Toni auf alle Fälle.

„Ganz einfach“, sagte er.

„So einfach auch wieder nicht“, sagte ich.

Er riet mir, einen Ansatz zu machen, und half mir auf die Sprünge. Die Aufgaben waren wirklich ein Klacks.

„Hat euch eure Lehrerin das nicht erklärt?“

Daß mich die Schneeflocken mehr interessiert hatten, mochte ich nicht zugeben. Ich schüttelte also den Kopf.

„So eine taube Nuß!“

Ich protestierte und behauptete, daß ich die beste Klassenlehrerin der Welt hätte.

Toni grinste. „Wetten, daß unsere besser ist? Unsere erklärt uns immer alles.“

„Quatsch, von wegen besser!“ sagte ich. „Heute, das war ’ne Ausnahme. Es hatte schon geklingelt.“

„Schlechte Planung“, konterte Toni. „Unsere plant sogar, obwohl sie gar nicht da ist.“

„Noch größerer Quatsch! Mein Fräulein Baumann ist die allerbeste. Sie will sogar bei mir schlafen, wenn ich allein bin.“

„Das allerdings“, sagte Toni und grinste noch mehr, „hat mir meine Lehrerin noch nicht angeboten.“

„Na bitte!“ stellte ich fest.

Anja und Toni lachten. Dabei gab es überhaupt nichts zu lachen, denn ich hatte ihn besiegt. Ich bedauerte, daß ich mir die Mühe mit der Honigmilch gemacht hatte, obgleich ein guter Hausherr seine Gäste gut bewirtet. Toni zog einen Brief hervor und hielt ihn mir hin. „Lies, da kannst du sehen, wie sich eine Klassenlehrerin um ihre Klasse kümmert.“

Eigentlich wollte ich den Brief nicht mit dem Rücken anblicken, aber ich nahm den Umschlag doch. Die Schrift kam mir bekannt vor. Natürlich, der Brief war von Mutti. Er war an ihre Klasse. So ein langer Brief! Darin stand: „Wenn Ihr die Bücher braucht, bittet meinen Mann, sie Euch zu geben. Sie stehen in der Bücherwand links unten.“ Die russischen Titel konnte ich nicht lesen. Sie interessierten mich auch nicht. Der Brief interessierte mich. Mutti schrieb nicht nur an uns. Ihrer Klasse gab sie genauso Anweisungen wie Vati und mir. An was Mutti nicht alles dachte!

„Na? Wie ist es nun mit der Klassenlehrerin?“

Toni hatte mich ganz schön aufs Kreuz gelegt. Natürlich war Mutti eine prima Lehrerin und ganz bestimmt die beste, aber deswegen gab ich Toni noch lange nicht recht, sonst bildete der sich wer weiß was ein. Ich sagte: „Ihr habt sicher eine genauso gute Klassenlehrerin wie ich.“

Toni drosch mir auf die Schulter. „Bist ’n ungeheurer Diplomat!“

Er durfte sich mit Anja persönlich die Bücher heraussuchen, und ich gab ihnen etwas von meiner Nikolausschokolade ab. Der Besuch war es wert. Doch nun hatten sie es eilig. „Morgen ist ’ne Mathearbeit fällig“, sagte Toni. „Wir müssen noch ’nen Sprint einlegen.“

Ich wünschte ihnen null Fehler, damit Mutti sich um sie keine Extrasorgen zu machen brauchte.

„Sollen wir einen Gruß bestellen, wenn wir an unsere Lehrerin schreiben?“ fragte Anja.

„Klar, ich bestell von euch auch einen.“

Ich brachte sie bis zur Haustür. „Tschüs“, sagte Toni. „Bist in Ordnung, kommst ganz nach deiner Mutter.“

Als sie die Gartenpforte hinter sich zuschlugen, fiel mir ein, daß da noch etwas fehlte, und ich brüllte hinterher: „Nach Vati komm ich auch! Wir kommen alle nach uns, einer wie der andere!“

Ich steuerte Fräulein Bärbels Verkaufsplatz an. „Einen Augenblick bitte“, sagte sie zu ihrer Kundin und gab mir meine Minuteneinkaufstasche. „Hast du heute noch viel vor?“

„Weihnachtseinkäufe mit Vati. In Falkenwalde."

Fräulein Bärbel wünschte mir viel Spaß.

Die Tasche war voll bis obenhin. Auf den Milchflaschen lag eine Tüte, die ich nicht bestellt hatte. Ich guckte nach. Bananen. Fräulein Bärbel vergaß mich nie. Ich wollte sie beim Weihnachtseinkauf ebenfalls nicht vergessen. Ein dünnes rotes Flattertuch sah zu ihren schwarzen Haaren bestimmt schick aus.

Zu Hause steckte ich das Taschengeld für meine persönlichen Geschenke ein und trabte zum Bus. Es warteten viele Leute. In einem fort rief der Fahrer, der auch kassierte: „Weiter durchtreten!" Wenn man es zu genau beachtete, trat man so weit durch, daß man umsonst bezahlt hatte.

Die Chaussee ist die Grenze zwischen Bruch und Bergen. Auf der Bruchseite kann man über die Wiesen sehen. Dahinter sind wieder Berge und Wald, doch erkennt man sie nur als dünnen blauen Streifen. Der Bahndamm begleitet die Chaussee bis nach Falkenwalde. Ich hab es gern, wenn der Bus mit der Eisenbahn Wettrennen macht. Die Lokomotive schleppt den langen Wagenzug, sie strengt sich mächtig an, der Bus holt auf, er fährt vorbei und ist Sieger. Wenn ich der Busfahrer wäre, würde ich dann ein langes Hupsignal loslassen. Aber das hat bisher nur einer fertigbekommen, ein ganz junger Busfahrer.

Ich stand zwischen zwei Bäuchen. Über mir steckten ihre Besitzer die Köpfe zusammen und unterhielten sich.

Wie eine eingebüchste Sardine kam ich mir vor, und weil mir jegliche Aussicht versperrt blieb, atmete ich auf, als ich endlich auf dem Marktplatz aussteigen konnte und mir statt des Mottenpulvergeruchs aus dem Mantel des einen Bauches die frische Winterluft um die Nase wehte.

Der Rat des Kreises wohnt in einem großen, weitläufigen Gebäude. Darin sind unendlich viele Zimmer. In jedem sitzen zwei, höchstens drei Leute, die dort arbeiten und Kaffee trinken. Gleich am zweiten Tag, als Vati in dem Ratsgebäude mit seiner Arbeit begonnen hatte, mußte er von zu Hause eine Tasse mitbringen. Sonst hätten sie ihn sicher nicht mehr hineingelassen. Ich hatte keine mit. Vielleicht fragte deshalb der Mann, der unten aufpaßt, was ich hier suche.

„Ich möchte zu meinem Vati", sagte ich.

Der Mann guckte mich an, als wollte er sagen, das könne ihm jeder erzählen, doch da kam jemand die Treppe herunter, den ich kannte. Er kannte mich auch, denn er hatte Vati einmal besucht. „Laß den mal durch, Otto", sagte er. „Der gehört unserm Chef. Weißt du, wo dein Vati sitzt?"

„Zimmer sechsundachtzig", sagte ich.

„Na, dann geh mal hoch."

Für ein Haus ist 86 eine hohe Zimmerzahl. Also stieg ich die Treppe hinauf bis unters Dach. Dort war Zimmer 40. Ich stiefelte den langen Korridor bis zur 52 entlang. Aus, weiter ging es nicht und höher auch nicht. Aber eine andere Treppe führte wieder hinunter. Ich setzte mich abwärts in Bewegung und landete bei Zimmer 13. Ein langer Gang winkelte ab. Ich fand die 53, und nachdem ich eine dritte Treppe erstiegen hatte, kam ich der 80 näher. Doch von Ordnung keine Spur. Der Zahlenanschreiber mußte hier in sehr fröhlicher Stimmung gewesen sein. Er hatte die Nummern durcheinandergebracht und 86 bis 92 überhaupt ausgelassen. Dort war nur eine lange Wand. Vielleicht saß Vati hinter dieser Wand. Tatsache, an der 85 stand auf einem ganz kleinen Schild: Volksbildung.

Ich klopfte, wartete, klopfte wieder. Keiner rief „Herein!" Leise öffnete ich die Tür. Dahinter war noch eine. An der zu klopfen hatte keinen Zweck, denn auf dieser war von oben bis unten Leder. Im Zimmer saß eine Frau und bearbeitete die Schreibmaschine. Ich mußte mehrmals laut husten, ehe sie mich mitkriegte. Sie sah mich groß an und fragte: „Na?"

„Ich möchte zum Kreisschulrat", sagte ich.

„Der Kreisschulrat hat Sitzung."

„Er hat mich herbestellt." Weil sie so guckte, als wüßte sie nicht, was sie mit mir anfangen sollte, setzte ich hinzu: „Dann warte ich eben."

„Gut", sagte sie und machte sich wieder über ihre Schreibmaschine her. Plötzlich schrie das Telefon. Sie meldete sich und sagte: „Den Genossen Kreisschulrat? Einen Augenblick bitte." Und schon hatte sie ihn zu Vati hineingeschoben.

So ging es dauernd: Schreibmaschine, Telefon. Doch

die Frau ließ niemand mehr mit Vati sprechen. Sie sagte den Telefonmenschen, sie sollten am nächsten Tag anrufen, oder sie schickte sie zu anderen Leuten. Ich fand das sehr vernünftig. Wie sollte Vati sonst in Ruhe seine Sitzung leiten?

Ein Mann kam ins Zimmer gestürzt und rief: „Wo ist der Kreisschulrat?"

„Konferenz, Sie können nicht hinein, Kollege", sagte die Frau. Der Mann mußte abzittern. Es half ihm gar nichts, daß er schimpfte, er habe es eilig.

Ein anderer steckte nur den Kopf durch die Tür und fragte: „Ist der Chef zu sprechen?" Die Frau schüttelte den Kopf. Der Mann hatte Verstand, er verzog sich ohne Widerrede. Einen dritten Besucher schob sie in die Konferenz hinein.

Das war ein Gebimmel und Türklappen! Die Frau bewachte Vati besser als ein Hofhund. Der bellt bloß, doch sie sortierte gleich. Der große Zeiger der Uhr kroch weiter, aber mir war es nicht langweilig. Ich bekam mit, daß Vati ein sehr wichtiger Mann war, der vielen Menschen etwas zu sagen hatte, und bei mir zu Hause trocknete er sogar Geschirr ab, ohne zu meckern.

Endlich öffnete sich die Tür. Ein Haufen Leute quoll aus der 86, die alle durcheinanderredeten und schrecklich viele Fremdwörter gebrauchten. Als der letzte heraus war, wollte ich einfach ins Zimmer hinein.

„Halt!" rief die Frau.

„Ist Vati noch nicht fertig?"

Einen Augenblick blickte sie mich verdutzt an. „Ach, du bist der Andy?“

„Ja“, sagte ich.

„Dein Vater hat noch den ersten Stellvertreter drin. Aber warte mal.“ Sie nahm den Telefonhörer und sprach hinein: „Genosse Kreisschulrat, Ihr Sohn ist da.“

Die Tür ging auf. „Hallo, Andy!“ rief Vati. „Einen Moment noch. Dann ziehen wir aber los.“ Zu der Frau sagte er: „Das ist mein Sohn.“

„Ich hab es mitbekommen“, sagte sie.

Vati plinkerte mir zu und ging wieder hinein. Ich war mächtig stolz, daß er meinetwegen seinen Stellvertreter warten ließ. Den kannte ich gut. Früher hatte Onkel Martin in Freibach ein paar Häuser vor uns gewohnt und seine Zwillingsmädchen im Kinderwagen ausgefahren. Jetzt war er ein fast so wichtiger Mann wie Vati.

Die Frau deckte ihre Maschine zu und begann sich mit mir zu unterhalten. Sogar ein Bonbon bot sie mir an. Es war eins mit Schokoladenfüllung. Davon kostet die Tüte eine Mark und fünfzig. Solange ich da war, hatte sie keinem Menschen vor mir ein Bonbon geschenkt.

„Kommen Sie mit meinem Vati gut aus?“ fragte ich.

„Ja“, sagte sie, „sehr gut.“

„Mit ihm kann man auch gut auskommen. Er erzählt gern Witze, und er lacht gern.“

„Ach“, sagte die Frau, „hier hat er leider nicht viel zu lachen.“

„Ist das eine so ernste Abteilung?“

Sie nickte.

Ich beschloß, Vati zu Weihnachten keine neuen Socken, sondern ein dickes Witzbuch zu schenken. Am besten eins mit Bildern. Darunter stehen besonders kurze Witze. Wenn er mit seiner ernsten Abteilung hinter der langen Wand saß, konnte er dann unterm Schreibtisch ab und zu in das Buch linsen, so daß er etwas zu lachen hatte, denn die Arbeit soll dem Menschen Spaß machen.

Meine Großeltern wohnen in Berlin und kommen selten zu Besuch. Sie sind werktätige Großeltern. Werktätiger als andere Menschen. Deshalb sehen sie selbst sich auch selten. Das liegt daran, weil beide Schicht arbeiten, und so trifft Großvater meist aus dem Glühlampenwerk ein, wenn Großmutter gerade zu ihrem Fahrkartenschalter auf dem Ostbahnhof losrennt. Zu Weihnachten aber hatten sie sich unsertwegen Kurzurlaub genommen. Am 23. wollten sie in Freibach eintreffen, stand in dem Brief, der an Familie Schürmann gerichtet war. Früher hätte ich ihn nie geöffnet. Das jedoch hatte sich geändert, seitdem ich ein sehr wichtiger Bestandteil unserer Familie war.

Ich freute mich auf den Besuch. Großvater kann mächtig spannende Geschichten von früher erzählen, und Großmutter kocht prima. Zwar hatte Vati etwas von ihrer Begabung geerbt und mit seinen Blaubeereierkuchen eine Qualität erreicht, daß er sie im feinsten Restaurant servieren konnte, doch mit der Zeit erschien mir unsere Wochenendernährung etwas einseitig. Ich hatte auf ein richtiges Weihnachtsfestmahl Appetit, wie ich es Vati noch nicht zutraute.

„Fein", sagte er, als er abends den Brief gelesen hatte. Nachdenklich betrachtete er mich, dann führte er mich vor unsern großen Spiegel. „Siehst du etwas?"

„Ich sehe uns."

„Was noch?" bohrte Vati.

Ich beguckte uns sehr aufmerksam und stellte fest: „Wir sehen uns ähnlich."

„Stimmt. Besonders am Kopf."

„Wo sonst? So groß wie du bin ich nicht, und der Bauch fehlt bei mir völlig."

„Hau nicht immer auf das Schlimme", sagte Vati. „Konzentrier dich lieber auf unsere blöden Köpfe."

Daß wir blöd sein sollten, konnte ich unsern Köpfen nicht zutrauen. „Im Gegenteil", sagte ich, „ganz schön intelligent finde ich uns."

Vati schüttelte den Kopf, als glaubte er nicht daran. „Guck doch mal genau! In Behandlung müssen wir, zum Frisör! Großvater denkt am Ende, wir sind aus dem Urwald entsprungen!"

Möglich war es durchaus, daß Großvater mit seinem Bürstenkopf uns für eine Art von Affenmenschen hielt. Nur – Weihnachten und Frisör? „Laß dir mal die Zeit nicht lang werden beim Warten", sagte ich.

Meine Voraussage traf genau ein.

Die Gans war eingekauft, Butterstolle vom Freibacher Spezialbäcker, eine Ladung Grünkohl – Großmutters

Grünkohl ist familienberühmt –, Apfelsinen, Wurst, Schinken, Schlagsahne, Käse, Konfekt, Kaffee jede Menge – nichts trinkt Großmutter lieber –, Deutscher Weinbrand für Großvater – das ist seine Spezialität –, je ein Kasten Brause und Berliner Pils. Alles, überhaupt alles war da. Vati hatte mit eingekauft, krumm hatten wir uns geschleppt und nicht einmal das Salz vergessen. Sämtliche Strümpfe waren gestopft, die Wäsche gewaschen, und die Wohnung blinkte dank Fredis Mutter bis in den verstecktesten Winkel. Nur mit dem Frisör, da hatte es nicht geklappt.

Dabei fehlte es nicht am guten Willen. Dreimal hatte ich Anlauf genommen. Das erstemal blieb es beim Versuch. Ich zählte dreiundzwanzig Mann vor mir. Beim zweitenmal mußte ich abbrechen, um Anke aus der Krippe zu holen. Und zum drittenmal ging ich nach dem Training hin, doch mir fiel ein, daß ich Briefmarken holen mußte, weil wir bereits den vierten Tag nicht auf Muttis Brief geantwortet hatten. Als ich zurückkam, war wegen Überfüllung geschlossen. Bei Vati waren Sitzungen und Versammlungen und Arbeit, Arbeit, Arbeit dazwischengekommen.

Unsere Haare aber waren in aller Ruhe weitergewachsen. Am 22. packte Vati die Schere. Ich flüchtete in die äußerste Zimmerecke und schrie. „Andy“, sagte Vati, „es muß sein! Ich dir und du mir.“

Ich bestand darauf, bei Vati anfangen zu dürfen. Damit war er einverstanden. Auf den Boden breiteten wir

einen großen Packpapierbogen, Vati setzte sich, eingewikkelt in ein weißes Laken, mit dem Küchenhocker in die Mitte und sagte: „Nur Mut! Zwischen Weihnachten und Neujahr habe ich Urlaub. Aber bedenke, mein Sohn, nachher bist du dran!“

Vielleicht hatte er das als Drohung ausgesprochen, ich schnitt jedenfalls sehr vorsichtig. Zum Glück klingelte Tante Felchow bei uns, weil sie telefonieren wollte. Sie lachte laut auf, als sie uns erblickte, und kam mir zu Hilfe.

Wüßte ich nicht, daß sie gelernte Sparkassenchefin ist, hätte ich sie für eine Frisöse gehalten, so gewandt klapperte sie mit der Schere. Meinen Kopf behandelte Tante Felchow auch, und ich war sehr froh, daß ich Vatis Tatendrang entkommen war.

Tadellos sahen wir aus, als wir die Großeltern begrüßten. Wir freuten uns alle fünf, denn wir hatten uns lange nicht gesehen. Großvaters gute Laune steigerte sich beim Anblick der Weinbrandflasche noch mehr. Um auch Großmutter eine Extrafreude zu bereiten, zeigte ich ihr den Korb Grünkohl. „Ach herrje!" stöhnte sie, zog sich die Schürze über und machte sich an die Arbeit. Ich half Großmutter. Vati kümmerte sich um Anke und Großvater, und es wurde sehr fröhlich im Wohnzimmer.

Am nächsten Morgen sagte Großmutter zu Vati: „Nun laß uns mal gleich den Tag einteilen, Junge."

Komisch, Vati ist für sie immer noch ein Junge. Nie spricht er ein Wort dagegen, er stimmte ihr sogar zu. „Das kannst du am besten, Muttchen."

„Na, dann putz den Weihnachtsbaum."

Da bekamen Vati und ich einen Schreck. Großvater sagte: „Der Wald ist ja nicht weit." Trotzdem ließ er Vati und mich allein gehen. Er meinte, er habe Rheuma und sei ein langsamer Läufer.

Im Wald war es feiertagsstill. Wir fanden bald einen Weihnachtsbaum. Ich mußte absichern, und Vati trennte ihn von der Wurzel. Quer durch den Busch schlichen wir mit dem Beutebaum nach Hause. „Andy", sagte Vati, „das war eine einmalige Notaktion."

Die Notaktion machte sich im Zimmer vortrefflich. Vom Fußboden bis zur Decke reichte der Baum. Vati putzte ihn, und Großvater gab gute Ratschläge. Dabei nahmen sie den Rest aus der deutschen Flasche zu sich, denn Vati war sehr durchgefroren. Er gab mir den Auftrag, im Konsum Nachschub zu holen, weil es bei mir am schnellsten ginge. Großmutter fand es schade um das schöne Geld, die Männer waren anderer Ansicht, und Großvater sagte: „Anke laß ruhig bei uns, Andy. Die ist so schön friedlich." Er sagte es sehr laut. Großmutter wirtschaftete mächtig in der Küche, aus der es nach Feiertag roch.

Alles versprach, daß es ein schönes Weihnachtsfest wurde, nur Mutti fehlte.

Wenn sie Reinigungsfrau, wie Fredis Mutter, wäre oder in der Sparkasse, wie Tante Felchow, arbeitete oder als Frisöse oder in der Kinderkrippe, dann würde sie zu Hause sein. Vielleicht ginge ich dann sogar mit Mutti zusammen zum Konsum, um ihr die Tasche tragen zu helfen. Vor Thalmanns Gastwirtschaft würde ich heimlich am Ast der großen Tanne ziehen, daß der Schnee auf uns herunterstiebte, und wir würden beide lachen. Ich ließ den Tannenast unberührt. Schade, auch unsern schönen Weihnachtsbaum sah Mutti nicht. Viel öfter müßte Vati solche Notaktionen mit mir starten. Schleichen konnte er sehr gut. Doch wann hatte er schon Zeit? Ich nahm mir vor, später kein Schulrat zu werden, auch nicht Russischlehrer, der zu Weihnachten in Moskau sein muß und seine Kinder allein läßt.

Zu Hause stellte ich den Deutschen auf den Tisch, und dann ging ich allen aus dem Weg. Nach dem Mittagessen zog ich Anke an und ging mit ihr in den Wald. Hand in Hand stapften wir durch den dünnen Schnee. Anke erzählte mir vom Weihnachtsmann. Wenn es ihn wirklich gäbe, wünschte ich mir, daß er uns Mutti brächte. Als ob Anke meine Gedanken gelesen hätte, sagte sie plötzlich: „Mama."

Sollte ihr auch noch das Herz schwer werden? „Guck mal, der Vogel da auf dem Baum", sagte ich, „der ist vielleicht groß!"

Anke wollte nichts von dem Vogel wissen. „Mama Mostau", erzählte sie.

„Ja", sagte ich, „Mutti ist in Moskau. Dort ist alles viel mehr weiß. Die Häuser haben Schneemützen aufgesetzt, und weil es so kalt ist in Moskau, tragen die Leute Pelzmäntel. Mutti auch."

„Mutti auch", sagte Anke.

Das hatte sie noch nie gesagt, und ich wiederholte: „Mutti!"

„Mutti", sagte Anke, „Mutti auch."

„Klar, und Mutti ist bald wieder hier. Hier bei uns. Bei Anke und bei Vati und Andy. Dann sind wir wieder eine richtige Familie. Verstehst du?"

„Mutti", sagte Anke.

„Mutti und Vati", sagte ich.

„Un Vati", sagte sie.

Langsam und deutlich wiederholte ich es noch einmal, und Anke sprach es mir nach.

„Mann“, sagte ich, „du kannst es, du bist vielleicht ’ne Maus!“

Ich beeilte mich, nach Hause zu kommen, und trainierte mit ihr, damit es ganz fest sitzenblieb. Vati war mächtig überrascht, als er es hörte. Er nahm Anke auf den Arm und mich um die Schulter und sagte: „Großer, das hast du sehr schön gemacht.“

Auch ihm war ein neues Wort für mich eingefallen, und ich freute mich darüber. Vati zündete die Lichter an und holte den Sack mit den Weihnachtsgeschenken und Muttis Paket aus Moskau herein. Ich bekam alles, was ich mir gewünscht hatte, sogar einen neuen Lederfußball.

Großmutter strich über das große Fransentuch, das Mutti ihr geschickt hatte. Sie seufzte und schüttelte den Kopf. „Daß sie nicht mal zu den Feiertagen hier ist!“

„Denkst du, es fällt uns leicht?“ fragte Vati.

„Ich weiß nicht, ich weiß nicht“, wunderte sie sich. „Ich hätte das nicht übers Herz gebracht, Mann und Kinder allein zu lassen. Da kannst du sagen, was du willst, Junge.“

„Sei still, Mutter, rede nicht soviel“, brummte Großvater.

„Ich soll still sein?“ rief Großmutter. „Ich bin überhaupt nicht still! Und ich sprech es aus: Die Frau gehört zur Familie!“

„Wir selbst haben sie fortgeschickt“, sagte Vati.

„Ach, red nicht! Vater und du, ihr hättet mich nie fortgekriegt!“ Großmutters Augen funkelten. Es sah aus, als würde sie auf der Stelle ihren Mantel anziehen und sich auf den Weg machen, um Mutti aus Moskau zurückzuholen.

„Nun hör dir das an, Walter", knurrte Großvater, „deine Mutter verschreibt aller Welt goldne Lebensregeln! Dabei läßt sie ihren verdammten Fahrkartenschalter nicht mal im Stich, wenn ich die Grippe habe. Nee, sie kann nicht zu Hause bleiben, sie muß sich auf ihre alten Tage noch für ihre Pappstücke qualifizieren. Aber warum sie das macht, das begreift sie nicht!" Er goß aus der deutschen Flasche ein und bot an. „Prost, Mutter, bist mehr in Ordnung, als du weißt."

Da mußten sie alle drei lachen. Sie hoben die Gläser und tranken sie aus. Anke klatschte in die Hände und rief: „Mutti un Vati!"

Das Telefon klingelte. Vati meldete sich. Dann mußte er warten. „Moskau!" rief er uns zu und strahlte.

Das riß mich hoch. Ich rannte zu Vati, legte mein Ohr neben seines an den Hörer, darin summte es, und dann – dann war Muttis Stimme da. Über zweitausend Kilometer war Mutti fort, und ich hörte sie ganz nah, ganz nah. Vati hielt mir den Hörer hin. In meiner Kehle war es so eng. „Mutti", sagte ich, „Mutti!"

„Sechs Wochen noch, Andy, nur noch sechs Wochen."

Ich holte Anke, ich flüsterte ihr ins Ohr: „Mutti und Vati, los!" Und Anke sagte es laut und deutlich ins Telefon. Dreimal sogar. „Das hat Andy ihr beigebracht", sagte Vati zu Mutti. Er gab mir den Hörer noch einmal, und

Mutti sagte über zweitausend Kilometer hinweg: „Ich danke dir, Andy, das ist das schönste Geschenk."

Muttis Stimme schwamm, auch mir war zum Heulen zumute, und doch war ich glücklich. Sechs Wochen nur, nur noch sechs Wochen!

Als wir spätabends im Bett lagen, Vati und ich, sagte er: „Großmutter kann unbezahlten Urlaub bekommen. Sie will Anke mitnehmen, bis Mutti zurück ist. Was meinst du?" Und nach einer Weile: „Leichter wäre es für uns ... Schläfst du schon?"

„Leichter wäre es", sagte ich. „Aber laß Anke bitte nicht fort, Vati."

„Schon gut, Großer", sagte Vati, „schon gut."

Bisher war mein Geburtstag immer der allerwichtigste Feiertag in meinem Leben. Diesmal wurde ich zweistellig, denn ich bekam die erste Null. Ein besonders hoher Festtag also, und ausgerechnet der sollte nicht gefeiert werden. Vati schlug vor, wir sollten ihn verschieben, weil Mutti drei Wochen später zurückkam, und sie sollte dabeisein.

Ich protestierte: „Verschieben, verschieben! Wir können ja mit Mutti noch einmal feiern."

„Und wer soll jetzt alles vorbereiten?" fragte Vati und zog sein ratloses Schnauzbartgesicht.

„Ihr hättet mit mir drei Wochen warten sollen", sagte ich.

Vati entschuldigte sich, Mutti und er hätten vor zehn

Jahren unsere Notlage nicht vorausahnen können. Klar, der Mensch kann nicht an alles denken. Fürs erste gab ich mich geschlagen.

Meine Freunde jedoch lehnten das Verschieben ab. „Nee", murrte Fredi, „wenn 'n Schiedsrichter schiebt, sind wir auch sauer." Die gesamte Mannschaft machte lange Gesichter. Ich lade sie immer vollzählig ein. Das habe ich von Vati. Der feiert stets mit seiner Mannschaft Geburtstag. Dabei trinken sie vier Kästen Bier leer. Wir schaffen nur die Hälfte, zwei Kästen Brause.

„Wenn das so ist", maulte Peter, „kann man auch Weihnachten zu Ostern feiern."

„Und Ostern zu Neujahr", schlug Klaus vor.

Sie brachten das ganze Jahr durcheinander und wollten die großen Ferien auf das Frühjahr verlegen und im Sommer hitzefrei geben. „Da würde dein Schulratvater aber gucken!" sagte Fredi.

Am nächsten Tag rief er die Mannschaft zusammen. „Meine Mutter ist gegen Verschieben", sagte er, „sie schmiert die Abendbrotstullen, und nun laßt euch was einfallen!"

Sie ließen sich etwas einfallen. Klaus' Mutter wollte für den Kartoffelsalat sorgen und Peters für Götterspeise mit Vanillesoße. Gabi, die vorbeischlenderte, sagte: „Meine Mutter würde den Kuchen backen."

„Was?" fragte Fredi. „Weiber zum Geburtstag?"

Das war bisher nicht üblich gewesen. Frauen hatten auf unsern persönlichen Festen nichts zu suchen. Ich erklärte der Mannschaft, daß wir älter würden. Und hatte Gabi uns nicht bei der Herbstmeisterschaft geholfen? Das sahen sie ein. „Aber nur ausnahmsweise", bestimmte Fredi. „Nächstes Jahr feiern wir wieder solo."

Vati bekam einen Schreck, als er von den laufenden Vorbereitungen hörte. „Und der Abwasch?" fragte er. Gabi und ich versprachen, das Geschirr ganz allein zu übernehmen. Da beruhigte Vati sich und zückte die Brieftasche. Schließlich kostet so ein Geburtstag Geld. Außerdem organisierte er Tante Felchow zum Kaffeekochen. Sie sollte auch ein waches Auge auf uns werfen und achtgeben, daß die Bude nicht einfällt, wie er sich ausdrückte. Vati besitzt mit seiner Mannschaft Erfahrung.

Ich war in bester Laune, und am nächsten Tag steigerte sie sich noch, denn es schneite tüchtig. Den ganzen Schulvormittag lang schneite es in dicken Flocken. Die Lehrer verstärkten die Aufsicht und versuchten uns zu überzeugen, daß Schneeballwerfen ungesund sei, doch umsonst, wir waren aus dem Häuschen. Fredi ließ einen Zettel in der Stunde kreisen: Nach der Schule Treffpunkt Sportplatz! Ich unterschrieb und sah hinaus. Ich sah die Flocken tanzen und konnte kaum noch stillsitzen.

Zu Hause warf ich die Mappe in die Ecke, holte den Schlitten hervor und sauste aus dem Haus. Auf dem Zaunpfosten saß Mertens' schwarze Katze, als traute sie sich nicht in den Schnee hinunter. Der machte ich Mut! Mein Schneeball traf, und die Katze sprang mit großen Sätzen davon. Gabi hatte es zum Glück nicht gesehen. Die

Katze ist ihr Liebling. Halt, ich konnte Gabi überhaupt zum Rodelberg abholen!

Ein Weilchen mußte ich warten, bis auf mein Klingeln geöffnet wurde. Gabi stand vor mir, ihren kleinsten Bruder auf dem Arm, die beiden andern guckten hinter ihrem Rücken hervor.

„Kommst du gleich mit?"

„Ich muß auf die Kinder aufpassen", sagte sie.

„Ist deine Mutti nicht da?"

Gabi schüttelte den Kopf. „Sie kauft ein, und nachher bäckt sie."

„Meinen Geburtstagskuchen?"

„Ja", sagte sie, und es klang traurig.

Bisher war es mir immer so vorgekommen, als wenn außer mir niemand helfen mußte. Wenn Gabi meinetwegen zu Hause blieb, würde mir kein Stück Kuchen schmecken, und wie ein Verräter wäre ich mir vorgekommen. Gabi wußte einen Ausweg. Sie schrieb einen Zettel, daß wir rodeln wären, verpackte ihre Geschwister warm, und zu fünft zogen wir los. Damit das halbe Dutzend voll wurde, holten wir Anke aus der Krippe ab. Zum Sportplatz gingen wir nicht. Die Knochenbahn ist für die Kleinen zu steil. Wir trabten zum Katzenbuckel.

Dort kettelten wir beide Schlitten aneinander und fuhren Bob. Ich war Steuermann. Ich steuerte sehr gut. Wir kippten nur viermal um. Den Kleinen machte das am meisten Spaß, und als sie sich richtig heiß und rot getobt hatten, zogen wir gemütlich nach Hause.

„Wieviel Kinder möchtest du später haben?“ fragte ich.

„Mindestens vier“, sagte Gabi.

Das leuchtete mir ein. Dann waren die beide Schlitten am besten ausgenutzt. Je schwerer ein Bob ist, desto mehr Schwung bekommt er drauf.

Frau Mertens mußte uns vom Küchenfenster aus gesehen haben. Sie kam herunter und brachte uns eine Kostprobe vom Kuchen. Er schmeckte so, daß ich am liebsten gleich mit dem Feiern begonnen hätte.

Es wurde ein toller Geburtstag. Wir spielten Flaschendrehen und Hänschen-piepe-mal und, weil es draußen entsetzlich stiemte, in der Wohnung und im Keller Versteck. Greife ging nicht, es steht in den Zimmern zuviel umher. Tante Felchow steckte sich Watte in die Ohren.

Natürlich hatte ich Anke der Feier wegen gleich nach der Schule abgeholt. Beim Abendbrot schlief sie am Tisch ein. Ich konnte sie gerade noch festhalten, ehe sie vom Stuhl kippte. Wir brachten sie gemeinsam ins Bett, und von da ab wurde nur noch geflüstert. Das war auch gesünder, denn Fredi war bereits eine ganze Weile heiser. Tante Felchow nahm sich die Watte aus den Ohren und schlug vor, wir sollten uns meine neue Max-und-Moritz-Platte anhören. Wir lehnten ab, es sei zu laut und könne Anke stören.

Als Vati kam, wunderte er sich, daß es so ruhig bei uns zuging. Er mußte leise sprechen wie wir, und Fredi sagte: „Schonen Sie Ihre Stimme, Herr Schürmann.“

Unruhe war im Haus.

Gleich nach meinem Geburtstag war sie ausgebrochen wie eine plötzliche, aber heftige Krankheit. Nichts ging mir schnell genug, die Tage schienen davonzufliegen, und doch war jeder unendlich lang.

Jeden Morgen riß ich als erstes das alte Kalenderblatt ab und zählte, wie viele noch übrigblieben bis zu dem Tag, den ich rot eingerahmt hatte. Dabei wußte ich ihre Anzahl auch ohne zu zählen genau. Was wir redeten, begann meist mit den Worten: Wenn Mutti wieder da ist, dann ...

Wir redeten nicht nur, wir handelten auch. Wir räumten sämtliche Schränke und Schubkästen auf, wir wuschen und wischten, und Fredis Mutter half uns dabei außerplanmäßig. Fast war es so wie in der Zeit, als Mutti sich reisefertig gemacht hatte. Nur brauchte ich kein Merkbuch zu führen, und Vati faßte höchstpersönlich zu. Kein einziges Mal drückte er sich. Er kam pünktlich und einmal sogar überpünktlich von der Arbeit nach Hause.

Weil Frauen unter Ordnung etwas anderes verstehen als Männer, stellten wir uns Mutti zuliebe unter das Kommando von Fredis Mutter. So übte Vati sich im Gardinenabknipsen und -anknipsen, ich lernte das Abwaschen von Blattpflanzen, und beide mußten wir uns dem Teppichklopfen hingeben. Erst wollte Vati sie mit dem Staubsauger behandeln, aber Fredis Mutter sagte: „Nee, nee, Herr Schürmann, da steckt noch der ganze Weihnachtsstaub drin und der vom Geburtstag auch. Ja, wenn Sie so 'ne Klopfmaschine dazu hätten!"

Also rollten wir die Teppiche gemeinsam zusammen und trugen sie auf den Hof hinunter. Vati ging vorn und ich hinten. Wie es ihm für sein Alter und seine Größe zukam, trug er dabei etwas mehr. Wir haben die Teppiche auch gemeinsam verdroschen, daß uns der Staub um die Ohren wirbelte. Wirklich, gemeinsame Arbeit ist halbes Leid.

Als wir nach getaner Arbeit beim Abendbrot saßen, sah ich, daß Vati so abwesend guckte und kaute wie jemand, der einer umwerfenden Entdeckung auf der Spur ist. Nachdem er den letzten Schluck Tee getrunken hatte, sagte er: „Wir müßten Mutti etwas Schönes schenken."

Ich fand diese Idee sehr gut. Mutti sollte sich doll

freuen. Ein schicker Pullover? Ein Kleid? Doch wir konnten an Muttis Geschmack vorbeitreffen, und dann tat sie nur, als ob sie sich freute, um uns die Freude nicht zu verderben. Wenn, so mußten wir etwas ganz Besonderes für Mutti kaufen, etwas, was sie zugleich wirklich brauchte. Plötzlich wußte ich es: Mutti brauchte Zeit! Das war das allerbeste Geschenk. Sie sollte sich nicht länger abhetzen. Im vergangenen halben Jahr hatte ich schließlich meine Erfahrungen gesammelt. Und wenn Mutti mehr Zeit haben würde, wäre das Leben für uns alle schöner. „Vati“, sagte ich, „wir kaufen ihr eine arbeitsparende Maschine.“

Damit war er sofort einverstanden. Ich schlug eine Strumpfstopfmaschine vor und eine für das Staubwischen. Vati meinte jedoch, daß man diese wichtigen Maschinen bisher leider nicht erfunden habe, soviel er wisse. Ich bedauerte es aufrichtig, weil das ernsthafte Lücken im Angebot sind. Wir grübelten beide, und Vati kam auf eine Teppichklopfmaschine, wie sie Fredis Mutter empfohlen hatte.

„Klar“, rief ich, „die kaufen wir!“

Meine Begeisterung wurde von Vatis starrem Blick auf meine Arme gebremst. „Ist denn das möglich, Junge? Steh mal auf.“

Mir wurde ganz unheimlich, denn Vati hörte nicht auf, mich zu mustern. Besonders meine Arme und Beine beguckte er immer wieder. Dabei waren sie völlig normal bis auf einen Kratzer über meinem rechten Handgelenk, den Gabis Katze mir versetzt hatte. Sonst war alles heil und sogar frisch gewaschen. Als Vati dann noch anordnete, ich sollte die Arme richtig hängenlassen und selbst sehen, brachte er mich total durcheinander. Ich sah nur, daß der linke Arm links herunterhing und der rechte Arm rechts, und gleich lang waren sie auch, genau wie meine Beine, denn ich stand nicht ein bißchen schief.

„Andy", sagte Vati, „Jacke wie Hose, sie sind zu kurz. Du bist herausgewachsen."

Ich war vielleicht froh, daß er keine Krankheit oder irgend etwas Schlimmes an mir festgestellt hatte. „Natürlich bin ich gewachsen", sagte ich. „Das bringt das Leben so mit sich." Und ich freute mich, daß Vati es bemerkt hatte. Ganz deutlich spürte ich, wie groß ich geworden war.

„Wenn Mutti dich so sieht!"

„Da staunt sie", sagte ich, aber Vati wollte mich ihr in diesem Zustand nicht vorführen, damit sie nicht dachte, er habe kein Auge auf mich geworfen. „Du bekommst einen neuen Anzug", bestimmte er.

Wir überprüften Anke. Sie hatte sich ebenfalls ausgedehnt. Nicht nur in der Länge, sondern auch in der Breite. Und ich hatte mich schon die ganze Zeit gewundert, warum ich sie so schlecht in ihre Kleider hineinbekam. „Anke nehmen wir mit", entschied Vati.

„Du mußt dir auch einen neuen Anzug kaufen", sagte ich. „Dann stehen wir alle drei wie neu vor Mutti."

„Denkst du, mein Geld kriegt Junge?" fragte Vati.

Schade, diese Eigenschaft besitzt Geld leider nicht. Meine Haushaltskasse bewies es mir an jedem Wochenende.

Am nächsten Tag holte ich gleich nach der Schule Anke von der Krippe ab. Ich machte uns für Falkenwalde fein. „Halt still, du", sagte ich, als ich ihr die Haare kämmte. „Sollen wir Männer uns nachreden lassen, daß man deinen Kopf mit einem Strauchbesen verwechseln kann?"

Nebeneinander ließen wir uns auf der Couch nieder, und ich befahl Anke, sich nicht von der Stelle zu rühren, damit unsere Schönheit nicht beschädigt würde. Ich zählte mein Spargeld und steckte es in die Brusttasche. „Davon", erklärte ich Anke, „kaufen wir für Mutti ein Geschenk. Ein arbeitsparendes Geschenk von uns beiden. Erstens gehört sich das, verstehst du, und zweitens müssen wir Vati entlasten."

Anke nickte und sagte: „Mutti un Vati."

Obwohl Schnee lag und die Straßen spiegelten, kam Vati pünktlich. Ich setzte mich mit Anke nach hinten. Es fehlte noch, daß Anke sich beim Bremsen eine Beule zulegte und Mutti als einhörniges Kalb empfing.

Nachdem Vati in eine Parklücke gerutscht war, stürmten wir das Kinderkaufhaus. Für Anke stach mir sofort ein feuerroter Hosenanzug ins Auge. Vati fand mehr Gefallen an einem himmelblauen Kleid. Dabei war der Anzug todschick! „Mann, Vati", sagte ich, „das ist die Mädchenfarbe! Mutti steht darauf. Sie bedauert es, daß sie für Feuerrot zu alt ist."

Für mich empfahl die Verkäuferin einen grünen Anzug. Vati guckte unschlüssig. Ehe er auf dumme Gedanken kam, fragte ich: „Hast du schon mal einen Laubfrosch im Winter gesehen?“ Da meinte er, er wolle mich nicht beeinflussen. Ich ließ meinen guten Geschmack sprechen und wählte eine blaue Schlaghose und einen Pullover mit Rippelmuster. Darin sieht man so athletisch aus.

Vati bezahlte. „Willst du nicht doch?“ fragte ich und bot ihm von meinem Spargeld einen Zuschuß an.

„Wo denkst du hin“, sagte er, „mein Anzug ist doppelt so teuer wie euer gesamtes Zeug!“

In der Beziehung scheint es sich nicht zu lohnen, erwachsen zu werden.

Wir verstauten unsern Einkauf im Trabi und steuerten die Kaufhalle mit den Haushaltswaren an. Sie heißt „Zu den tausend kleinen Dingen“. Der Name täuscht. So klein sind viele Dinge dort gar nicht. Aber sie hatten eine ungeheure Auswahl, und die reichte vom Zahnstocher bis zur Waschmaschine. Es gab auch die gewünschte Teppichklopfmaschine, und sie wurde uns eingepackt. Vati hatte zwar auf seinen Anzug verzichtet, doch hielt er nach einer weiteren Überraschung für Mutti Ausschau. Die Verkäuferin zeigte uns einen elektrischen Wärmeschuh. Er trug den Namen Sandalina. Auf dem Karton war ein Farbfoto, das eine sechsköpfige Familie mit Sandalinas an den Füßen vorm Fernseher sitzend zeigte.

„Für Muttis kalte Füße passend“, stellte Vati fest.

Ich gab zu bedenken, daß sie sich in Moskau bestimmt abgehärtet habe.

„In Moskau ist die Kälte trockener als bei uns", sagte er und kaufte, obwohl ich zweifelte, daß Mutti trotz unserer arbeitsparenden Maschine viel Zeit finden würde, mit Sandalina vorm Fernseher zu sitzen. Nicht nur wir warteten auf sie, sondern auch Anja und Toni und ihre ganze Klasse.

Ich schaute mich um, wie ich Mutti den Haushalt bequemer machen könnte, deutete auf einen Pappkarton ohne Bild und fragte die Verkäuferin, was da drin sei.

„Ein Waffeleisen", sagte sie und erklärte.

Ich fing sofort Feuer und setzte Vati auseinander, das dies haargenau das Richtige sei. Im Handumdrehen knackfrische Waffeln, wo Mutti so fürs Süße ist.

„Und du auch", sagte er.

Mein Geld reichte. Es blieben sogar noch zwei Mark

und zwölf Pfennig übrig, und so nahmen wir das Waffeleisen mit. Ich beschloß, Mutti gleich am ersten Tag einen Waffelberg vorzusetzen, wie sie ihn noch nie gesehen hatte.

In diesem Augenblick riß Anke uns mit einem A-a-Signal aus unserer Einkaufsfröhlichkeit. Sofort hielten wir nach einem gewissen Örtchen Ausschau. Nichts! Ratlos blickten wir uns an, denn Anke runzelte die Stirn und preßte den Mund zusammen. Das war Gefahrenstufe eins!

„Kannst du nicht warten?" fragte Vati.

Anke verzog das Gesicht. Gleich würde sie losheulen. Dann gab es kein Halten mehr. Es mußte etwas geschehen. Ich trat auf einen Vorhang zu, lüftete ihn: ein Abstellkabuff. Kartons und Kisten waren darin aufgestapelt. „Moment!" rief ich, sauste ab und lief durch die Käufer Slalom.

Gut, daß wir bei den tausend kleinen Dingen waren und nicht bei Herrenmoden oder Fotoartikeln. Am Eingang hatte ich unter den tausend Dingen gesehen, was wir so nötig brauchten. Ich packte den ersten besten, einen Hellgrünen, bekam eine Rolle Toilettenpapier zu fassen und flitzte zurück. Äußerst praktisch so eine Halle, wo man alles zur Hand hat. Rettung aus erster Hand. Und ich als Retter!

Vati stand allein. War es schon geschehen? Hatte Anke sich in das Kabuff gerettet? Ich guckte hinein. Nur Kisten und Kartons. „Wo ist Anke?" flüsterte ich Vati zu und zeigte auf den Topf. „Ist es passiert?"

Vati grinste. Die Falten an seinem Mund wurden ganz tief. „Bestimmt“, sagte er.

„Zu spät.“ Traurig sah ich auf den Hellgrünen.

„Adi! Adi!“ krähte es hinter mir.

Ich fuhr herum. Anke kam an der Hand einer Verkäuferin angehoppelt. Schnell verbarg ich Topf samt Papier hinter meinem Rücken.

„Herzlichen Dank“, sagte Vati.

„Nichts zu danken“, sagte die Verkäuferin, „ich hab selber so eine Krabbe zu Hause.“

Da ich die Verkäuferin nicht aus den Augen ließ, um ihr nur meine Frontansicht zu zeigen, achtete ich ungenügend auf Anke. Ritsch, ratsch hatte sie mir den Hellgrünen entwendet und schrie begeistert: „Topf! Topf!“

„Was der Mensch braucht, das muß er haben“, sagte die Verkäuferin und lachte.

Wenn du wüßtest, dachte ich und war bis in die Zehennägel froh, daß sie es nicht wußte. Außer Teppichklopfmaschine, Wärmeschuh und Waffeleisen nahmen wir den Hellgrünen mit. „Zur Erinnerung“, sagte Vati.

Zu Hause begannen wir sofort die Geschenke auszuprobieren. Vati bearbeitete den Teppich mit der Klopfmaschine. Mich ließ er nicht heran. Anke hatte sich auf den Hellgrünen gesetzt und ihre Füße in den Wärmeschuh gesteckt. So rutschte sie umher und spielte Schiffchen.

Ich fühlte mich überflüssig. Mit dem Waffeleisen zog ich mich in die Küche zurück und rührte laut Gebrauchsanweisung einen Teig zusammen. Wirklich, das Gerät arbeitete genauso vorzüglich, wie die Waffeln schmeckten.

„Andy", sagte Vati nach dem ersten Happen, „ich denke, wir haben alles besorgt." Er überblickte unsere Geschenke. „Wenn Mutti da ist, wird es wieder einfacher. Für dich war es nicht leicht."

„Für dich auch nicht", sagte ich.

„Aber wir haben uns tapfer geschlagen, Großer."

Wir sind wieder eine richtige Familie mit Vater, Mutter und Kindern.

Gestern abend haben wir Mutti von Schönefeld abgeholt. Vati wollte Anke und mich zu Hause lassen, weil Moskauer Kälte herrschte. Wir waren aber nicht einverstanden. So begrüßten wir alle drei unsere Mutti auf dem Flughafen. Sie bekam keinen Ton heraus, sie umarmte uns nur einen nach dem andern. Anke zuerst, weil sie die kleinste ist. Dann alle miteinander. Muttis Augen waren naß, doch es war einfach Glück. Mir saß das Glück auch dicht hinter den Lidern. Ich schluckte und machte mich stark. Männer weinen nicht. Höchstens ab und zu, wenn es niemand sieht.

Seit gestern wohne ich wieder in meinem Zimmer und schlafe auf meiner Liege. Sie ist härter als Muttis Bett. Vielleicht bin ich darum aufgewacht. Ich habe noch viel Zeit. Es sind Ferien. Die Ferienspiele laß ich sausen. Vati hat einen Tag Urlaub genommen und läßt seinen Schulrat auch sausen. Morgen fängt das Wochenende an. Wir haben drei Tage für uns, drei lange Tage, und heute nachmittag backen wir Waffeln und gehen alle Mann Schlitten fahren.

Im Schlafzimmer ist es still. Die Uhr tickt auf acht zu. Ob Anke schon munter ist? Vorsichtig klinke ich die Schlafzimmertür auf und linse hinein. Anke steht in ihrem Bett und guckt zu Mutti und Vati hinüber. Kaum sieht sie mich, kräht sie los.

„Schschscht", sage ich, „laß sie schlafen."

Sie scheinen nichts gemerkt zu haben. Mutti hat rote Wangen wie Anke, wenn sie morgens aufwacht. Anke streckt mir ihre Arme entgegen. Ich trage sie in mein Zimmer, und wir kriechen beide in mein Bett. „Nun kannst du quackeln, soviel du willst", sage ich.

Sie zerwühlt die Kissen und steigt auf mir umher, als ob ich ein Berg sei. Sie lacht und kreischt. Ganz ruhig liege ich. Wie ein Berg im breiten Land. Und er lauscht den Kindern und spürt, wie sie auf ihm spielen. Mächtig froh bin ich, daß ich ein Berg bin und Anke habe. Nicht mal 'ne Schwester hab ich, hat Klaus damals im Novemberregen gesagt. Jetzt erst begreif ich richtig, wie schlimm ihm damals zumute war – so ganz allein. Nichts ist wichtiger als ein Mensch, um den man sich kümmern kann. Um uns haben sie sich auch gekümmert. Gabi, Fräulein Baumann, Tante Felchow, Fräulein Bärbel, ich laß sie vor mir aufmarschieren, und die Reihe wird immer länger, denn mir fallen viele Helfer ein, die es uns leichter gemacht haben.

Menschen müssen wohl einander helfen. Warum leben sie zusammen in Städten und Dörfern? Sonst könnte jeder ebensogut allein leben, ein jeder extra auf einem Fleck im Wald oder auf einer Insel oder in einer Höhle, und niemand brauchte eine Stimme, denn der Mund wäre nicht zum Sprechen, sondern nur zum Fressen, wie bei den Tieren.

Anke ist unter die Bettdecke gekrochen. „Du", sage ich, „wir müssen uns mehr um Klaus kümmern." Und um Gabi, aber das behalte ich für mich. Sie ist meine Freundin. Ich muß ihr helfen und gut zu ihr sein. Vati hat es mir erklärt. Als Älteste hat Gabi es nicht leicht. Wir könnten wieder zusammen auf dem Katzenbuckel rodeln gehen.

Wenn Anke mich in Bewegung setzen will, braucht sie nur A-a zu sagen, und sie sagt es. Ich gehe mit ihr ins Badezimmer. Es hat keinen Zweck, daß wir uns noch einmal hinlegen. Ich könnte noch liegen, stundenlang, ganz still. Aber Anke ist zu lebendig. Sie will gewaschen und angezogen werden.

Als wir beide fertig sind, schlage ich ihr vor, daß wir den Frühstückstisch decken. Den Brotkorb darf Anke ins Zimmer bringen. Alles, was an guten Bissen im Kühlschrank steht, trage ich auf den Tisch. Wir haben für Muttis Empfang vorgesorgt.

Leise schleichen wir aus der Wohnung und traben zum Bäcker. Mutti hat frische Brötchen gern, und mir fällt ein, daß ich gar nicht weiß, ob sie in Moskau morgens auch

Brötchen gegessen hat. Wir haben uns noch viel zu erzählen. Und immer werden wir beginnen: Wie war es ... Und Mutti wird antworten: Ja, in Moskau ...

Als wir zurückkommen, horche ich. Nichts rührt sich, nur das Wasser kocht wie wild. Ich brühe den Kaffee auf und trage die Kanne hinein. Zum Schluß stelle ich den Rosenstrauß, den wir Mutti zur Begrüßung überreicht haben, mitten auf den Tisch. Er braucht viel Platz, aber er macht alles noch schöner.

Wir linsen durch die Schlafzimmertür. Mutti blinzelt

schon. Als sie uns bemerkt, wird sie hellwach. „Ihr seid schon auf?“

„Das Frühstück ist fertig“, sage ich.

Mutti rüttelt Vati. „Du Schlafratze“, ruft sie, „die Kinder haben den Tisch gedeckt, und du schläfst und schläfst!“

Sie muß ganz vergessen haben, daß sie auch gerade erst aufgewacht ist.

„Aufstehen, Kaffee trinken“, erinnere ich.

Sie beeilen sich, und als sie miteinander ins Zimmer treten und Mutti den Kaffeetisch erblickt, da staunt sie und sagt: „Seid ihr groß geworden!“

„Besonders Andy“, sagt Vati.

Mutti ist seiner Meinung, und sie gucken mich so an, daß ich ganz verlegen werde. Ich träufle mir viel Honig auf ein Brötchen, und ich fühle mich wieder wie ein Berg. Ein Wunderberg, und er wächst und wächst und wächst.

Hans-Ulrich Lüdemann

Der Eselstritt

Illustrationen von Fred Westphal
Für Leser von 11 Jahren an

Nachts entlud sich ein schreckliches Gewitter über dem kleinen Campingplatz. Morgens, in der Frühe, findet man Otto Brümmer tot in seinem Zelt. Stille lastet über den Menschen, die in dem Betriebsferienlager des VEB -plastboot- eben erst ihren Urlaub angefangen haben. Verdächtigungen werden wach, jeder kann schuld sein am Tod des Betriebsleiters. Wirklich jeder? Der Verdacht macht vor keinem halt, die Kinder bleiben ausgenommen. Aber Rolf denkt immer daran, daß er den Vater während des Gewitters in Brümmers Zelt gehen sah.

DER KINDERBUCHVERLAG BERLIN

Edith Bergner

Das Mädchen im roten Pullover

Illustrationen von Fotis Zaprasis

Für Leser von 10 Jahren an

Im Dorf Blauhügel pulsiert das Leben, doch Jella meint, die Welt ist anderswo. Vielleicht in Steinberke? Steinberke ist die neue Stadt, in die Jella mit ihren Eltern zieht. Sie verläßt das Dorf, wo sie Robinson spielte und Zorre, die Angoraziege, großzog. Hochhäuser, Bauplätze und ein Taubenbrunnen empfangen sie. Sie lernt Freunde kennen, und Freunde sind auch die Arbeiter, die die Stadt bauen. Es ist nicht leicht, sich einzugewöhnen, doch Jella erobert sich ihre neue Heimat.

DER KINDERBUCHVERLAG BERLIN

Werner Bauer

Eher spring ich vom Fünfmeterbrett

Illustrationen von Karl Fischer

Für Leser von 10 Jahren an

Ein gelungener Klassenausflug, das ist ein guter Auftakt für die Arbeit eines Gruppenratsvorsitzenden. Und an Ideen für weitere Unternehmungen mangelt es Ralf nicht; Vater, der Brigadeleiter, ist ja schließlich auch seiner Einfälle und seiner guten Arbeit wegen geschätzt. Aber selbst der beste Vorschlag läßt sich nicht verwirklichen, wenn es keine Einigkeit in der Klasse gibt. Streit bricht aus, und die alten Freunde schlagen sich. Ralfs Ehrgeiz wird gedämpft – Gemeinsamkeit mit Freunden ist ihm mehr wert als eine Erfolgsbilanz.

DER KINDERBUCHVERLAG BERLIN

Hildegard und Siegfried Schumacher

Der Brillenindianer

Illustrationen von Konrad Golz
Für Leser von 10 Jahren an

Der Hund ließ von ihm ab. Otto richtete sich auf, glücklich, daß er gerettet war. Drei Jungen standen vor ihm. Größere Jungen waren es. Otto sah wie durch einen Schleier. Die Brille fehlte. Er mußte sie beim Sturz verloren haben. Suchend tastete er den Boden ab. Als er an die Brille stieß, trat ein Fuß auf seine Hand. „Hoch!"
Otto stand auf. Mit denen schien so wenig zu spaßen zu sein wie mit dem Hund.
Die Jungen lachten. Sie lachten ihn aus. „'n Häuptling in Kriegsbemalung", sagte der Kleinste der drei. Er bückte sich und gab Otto die Brille. Als er sie aufgesetzt hatte, verbeugte sich der Kleine grinsend und sagte: „Tag, großer Häuptling. Ist das Licht wieder angeknipst?"

DER KINDERBUCHVERLAG BERLIN

ISBN 3-358-00826-6

9. Auflage 1988

Lizenz-Nr. 304-270/339/88
Lichtsatz: INTERDRUCK
Graphischer Großbetrieb Leipzig – III/18/97
Druck und buchbinderische Verarbeitung:
Karl-Marx-Werk Pößneck V15/30
LSV 7511
Für Leser von 10 Jahren an
Bestell-Nr. 629 478 8
00520